新时期高校
管理与发展路径探索

高健磊　著

XINSHIQI GAOXIAO GUANLI
YU FAZHAN LUJING TANSUO

中国政法大学出版社

2021·北京

图书在版编目（ＣＩＰ）数据

新时期高校管理与发展路径探索/高健磊著. —北京：中国政法大学出版社, 2021.9

ISBN 978-7-5764-0108-0

Ⅰ. ①新… Ⅱ. ①高… Ⅲ. ①高校管理－研究 Ⅳ.①G647

中国版本图书馆CIP数据核字(2021)第194182号

出版者	中国政法大学出版社
地　址	北京市海淀区西土城路 25 号
邮　箱	fadapress@163.com
网　址	http://www.cuplpress.com (网络实名：中国政法大学出版社)
电　话	010－58908435(第一编辑部) 58908334(邮购部)
承　印	固安华明印业有限公司
开　本	880mm×1230mm　1/32
印　张	7.25
字　数	195 千字
版　次	2021 年 9 月第 1 版
印　次	2021 年 9 月第 1 次印刷
定　价	39.00 元

前　言

随着信息技术的发展，高等教育发展也不可避免地受到影响，以高校校园为载体的内部空间呈现出一系列新问题、新变化和新现象，这给高校管理工作带来了全新的机遇。同时，高校教育管理也呈现出一定的复杂性。21世纪知识经济时代需要大批优秀的创新人才，而培养创新人才的关键是教育管理。高校作为培养创新人才的前沿阵地，只有大力进行教育管理的创新，才能适应新时期社会发展的需要。

高等学校管理工作是学校工作的重要组成部分。目前，高校从事管理工作的教师肩负着立德树人的使命，必须有教书育人、管理育人、服务育人的教育理念，从实际情况出发，根据新时期大学生的特点，掌握必要的育人方法，提高管理素质，通过管理制度的制定、执行等，充分发挥管理育人职能。

鉴于此，笔者撰写了《新时期高校管理与发展路径探索》一书，本书共设置六章，分别为高校教育组织与管理理论初探、新时期高校行政与财务管理、新时期高校教学与科研管理、新时期高校学生生活与心理健康管理、新时期高校学生德育管理及其工作创新路径、新时期高校学生就业管理与创新创业发展路径探索。

本书结构严谨，内容翔实，通俗易懂，既有高校教育、教学、科研、管理等各项工作的知识，又有对各项工作进行计划、组织、协调和控制活动等项目管理知识，更有高校各项工作的理论支撑。全书力求内容广泛，保证高校管理知识的完整性。

笔者在撰写本书的过程中，得到了许多专家学者的帮助和指导，在此表示诚挚的谢意。由于笔者水平有限，加之时间仓促，书中所涉及的内容难免有疏漏之处，希望各位读者多提宝贵意见，以便笔者进一步修改，使之更加完善。

作　者

2020 年 12 月于西安石油大学

目　录

第 一 章

高校教育组织与管理理论初探

一、高校教育组织与管理概述

（一）高校教育组织与管理的认知

1. 教育组织与学校组织。

（1）教育组织。所谓教育组织，是指国家为实现教育目标、完成教育任务而对教育事业及教育的内外部活动和关系进行计划、指挥、协调、监督和控制的组织机构。教育组织的工作范围包括教育所要处理的内部和外部关系，对参与教育活动全过程的人、财、物、时间、信息等进行合理的安排和利用，还包括社会教育活动。

（2）学校组织。学校自诞生起，即是一种组织化了的社会单位。组织包括三种类型：规范性组织、功利性组织和强制性组织。学校从事有计划、有组织的教育教学活动，并且主要是通过态度、价值、理想等各种教育评价来完成其教育教学目标，教师行为需要符合教师的职业道德规范、教育规范，学生行为需要符合学生日常行为规范。因此，学校组织是一种有目的、有计划地进行教育教学活动的规范性社会组织。

（3）教育组织与学校组织概念辨析。从范围和规模的角度，教育组织可以分为宏观教育组织和微观教育组织。宏观教育组织是指一个国家或地区内根据一定的目的、任务和形式，从总体上对教育事业的发展进行计划、指挥、协调、监督和控制的组织机构，具有制订教育发展规划、制定教育政策、分配教育经费、控制教育发展速度和规模、监督教育实践等职能。微观教育组织主要是指学校教育组织，其作用在于制订学校发展规划并使学校工作计划转化为行动，将教育的各类活动付诸实践，使学校的人、财、物处于一个有效的、不断运转的动态系统中，最大限度地发挥其使用价值，实现学校效能的提升，最终完成教育任务。由此，从外延来看，教育组织的外延要比学校组织的外延更为宽广，教育组织包含了学校组织，学校组织是教育组织的一种形式，可视为教育组织的一个子系统。

2. 教育管理与学校管理。

（1）教育管理。所谓教育管理，是指国家为贯彻教育方针，实现培养目标，对教育系统所进行的计划、组织、控制等一系列有目的的连续性活动。教育管理行为是指在一个国家或地区的政治、经济与文化环境的制约下，在教育管理部门领导者教育价值观的支配下，各教育行政部门和学校根据相应的科学管理原理所进行的预测与规划、组织与指导、监督与协调、激励与控制等，以使有限的教育资源得到开发和合理配置，实现提高教育质量、增进办学效益、稳定教学秩序、改善办学条件等目标。

（2）学校管理。学校管理是学校为了有效地达到教育、教学目标，其管理人员通过协调学校内部各种资源及其与外部环境的关系，以确保学校按教育规律进行正常运转的活动。

（3）教育管理与学校管理概念辨析。"教育管理"的内容较为复杂，可以分成三个层面：第一个层面是班级管理，即班级组织层面上的教育管理；第二个层面是学校管理，即学校组织层面上的教育管理；第三个层面是教育行政，即教育制度（系统）层面上的教育管理。"教育管理"是对上述三个不同层面的教育管理活动的概括和统称。教育管理外延要比学校管理外延大，学校管理只是教育管理中一个层面的管理活动。

（二）高校教育组织体系的管理与理论演变

1. 高校组织体系及其管理。

（1）高校组织体系。近年来，我国从社会主义初级阶段的国情出发，不断完善学校系统。按照我国当前的教育管理体制和工作范围来划分，整个学校体系主要包括职业技术学校、普通高等学校和成人教育学校等类型。

职业技术学校包括中等专业学校、技工学校、职业中学以及初等职业技术学校、高级职业学校、专业技术学院等。普通高等学校包括普通高等高校专科、本科和研究生院等。成人教育学校包括广播电视高校、职工高等学校、管理干部学院、教育学院、独立设置的函授学院、网络教育学院、普通高等学校举办的成人教育（函授部、教师进修班），以及成人中专学校、成人中学、成人技术培训学校、农民文化技术学校、农业广播电视学校等。此外，还有各种进修、培训、辅导性质的函授、面授学校。

（2）高校组织的管理。在我国教育管理发展史上，大多数学者都把对学校组织体系外部的管理称为教育行政，对学校组织内部的管理称为学校管理。学校作为一个社会组织，其内部组织结构较为复杂。在我国，不同学校组织结构类型不同，如直线型组织、职能型组织、直线—职能型组织、委员会型组织、事业部门组织以及矩阵型组织。规模较小的学校以直线型组织为主，不设置独立的职能部门，由校长直接领导全体教师；规模稍大些的学校则以职能型组织或直线—职能型组织为主，校长一方面领导各职能部门，另一方面直接领导各年级、各学科教师及其组织；规模较大的学校在组织机构的纵向和横向分化方面更为明显和复杂。

目前，我国大多数高校实行校长负责制，并建立教职工代表大会制度，畅通教职工参与学校管理的渠道；定期召开校务委员会会议，研究学校发展过程中的重大问题；建立以校长为领导核心的职能管理部门，如政教处、教务处、科研室、总务处和校长办公室，执行校长的决策。各层各级部门相互协作，共同管理学校日常工作。

2. 高校组织理论的演变。

（1）古典组织理论的演变。古典组织理论最基本的哲学观是"经济人"假设。"经济人"假设把人看作经济动物，认为人的行为动机以获得经济利益为取向。对学校组织影响较大的古典组织理论即科层制理论。

第一，科层制理论及演变。科层制模式，主要包括明确的职责分工、自上而下的等级系统、奉行理性原则、遵守规则和纪律等。一是劳动分工。在科层制模式中，工作任务根据组织目的和工作类型进行划分，职责范围十分明确。劳动分工导致专业化的产生，使员工成为每一个特定岗位上的专家。二是等级权威。在科层制组织中，组织遵循等级制度原则，职权关系垂直分布，形成严密的上下级关系，每个员工都受到高一级员工的控制和监督，每个员工都拥有明确的权威与责任。三是规章制度。规章制度规定了每个职位的权利与义务，组织成员需严格遵循规章制度对待工作，从而促进组织非人格化取向的产生。这种非人格化取向旨在避免组织成员的个人观念和倾向影响组织的理性决策，以确保组织目标的实现。四是效率。劳动分工和专业化造就了专家，而非人格化取向的专家会依据事实在技术上作出正确、合理的决策。一旦作出合理的决策，权威等级体系就会保证对指令的规训化服从，并遵从规章制度，形成一个协调优良的执行系统，保证组织运行的统一性和稳定性。

第二，学校中的科层制理论及演变。学校中至少存在以下两类基本组织：一是负有责任制度与管理职能的科层组织，其职责包括协调与社区的关系、贯彻法律、管理内部事务、获得和分配必需资源及协调师生关系；二是专业组织，负责实际的教与学的技术过程。在学校这样的服务性组织中，专业科层冲突的最重要来源是应用科层制与专业化的社会控制系统。

（2）新古典组织理论的演变。新古典组织理论是在对早期组织理论进行分析比较的基础上提出来的，新古典组织理论发展后期的系统理论及其在学校中的影响如下：

第一，协作系统理论及演变。同古典组织理论只重视正式组织、人际关系理论只重视非正式组织不同，在新古典组织理论中正式组织和非正式组织普遍存在，二者统一。组织是一种协作系统，权限是正式组织中信息沟通（命令）的一种性质，是组织的贡献者或成员支配自己所贡献的行为。

第二，非正式组织理论及演变。把组织看作正式组织和非正式组织的统一体，凸显了组织中非正式组织的地位。非正式组织是一种人际关系系统，其按照感情的逻辑关系建立的团体关系，在所有的正式组织中自发形成，并对正式组织做出反应。非正式组织对正式组织的影响可能是建设性的，也可能是破坏性的。非正式组织至少有三个关键作用：一种有效的沟通工具；一种形成凝聚力的手段；一种维护个体诚实的工具。

第三，学校中的教师团队。在学校管理上，注重教师参与学校决策，以防产生校长主观武断的作风；要重新定义教师的角色以建立专业控制的网络结构；学校应该以决策的网络化结构代替层级结构，从而扩大教师在学校中的权威；要充分发挥学校教职工代表大会的作用，促进学校的民主化管理。在教师发展上，建立非行政专业组织，为教师相互交流学习创造机会；倡导教师专业自治，促进教研科研团队合作。在生活需求上，正确处理物质需要和精神需要的关系，建立合理有效的激励机制；关注教师的自尊和价值需要，丰富教师集体的文化生活。

二、高校环境与校园文化建设

（一）高校的环境建设

学校是一个社会系统。随着系统论的兴起，人们将这一思想运用到对学校组织的分析之中，认为学校是由一个个子系统构成的，这些子系统之间相互作用、相互影响，共同制约着学校系统的运转。一个复杂系统中包含着四个有内在联系的部分即任务、结构、技术和人。显然，学校这个社会系统也是由这四个子系统构成的。

在学校的任务方面，主要有安全保障、教学活动、德育工作等，它们共同指向培养目标的实现。在学校的结构方面，有班级、年级、教导处、总务处、校长办公室等，这些机构一起构成了学校的组织体系。在技术方面，包括学校的决策技术、课程开发技术、教学技术、评价技术等，这些都为各项工作的开展提供了方法与手段的支撑。在人的方面，有教师、学生、管理者、后勤服务人员等，他们是学校系统的主体力量。这些子系统之间是相互关联的，比如网络技术的迅猛发展可能使学校组织走向扁平化，对所有人的网络运用技能提出了更高的要求，也使学校具备了不受时空限制的远程教学服务能力。

学校是一个开放系统。开放系统理论认为，组织是一个通过与其环境的输入和输出来调节其生存状态的自我维持系统。一个开放系统往往强调循环，注重平衡与自我调整，关心信息的输入与反馈，倡导建立开放的思维方式。

1. 环境的分类。环境是指环绕一定事物并与该事物发生一定关系的现实境况。从不同的角度，可以对它做出不同的分类。

（1）内部环境和外部环境。按照环境与组织的关系，可以把环境分为内部环境与外部环境。内部环境是指组织界限以内，与组织内个体决策行为直接相关的自然和社会因素，比如组织目标、产品和服务的属性、组织内部的沟通等；外部环境是指组织界限以外的，与组织个体决策直接相关的自然和社会因素，比如顾客、竞争者、供应商、行业协会等。由于内部环境是组织自身的文化、管理或条件所形成的，因而管理者可以对其进行自动调节和主动创造；而外部环境是外在于组织而客观存在的，管理者对它不易直接操控，因而多数情况下组织要适应外部环境，有条件的可对其施加影响。

（2）硬环境和软环境。依据构成要素的特征，可以把组织环境分为硬环境与软环境。硬环境是指组织的地理条件、资源状况、基础设施、基本条件等"硬件"环境；软环境是相对于硬环境而言的，它是指诸如政策、文化、制度、法律、思想观念等外部因素和条件的总和。随着社会对教育重视程度的提高，随着教育均衡化的推进，学校之间在硬环境上的差距在缩小，学校的发展更多地受制于软环境。因此，学校管理者要积极争取政策扶持与民意支持，教育行政部门和社会各界也要为学校创设有利的软环境。

（3）一般环境和具体环境。根据环境对组织的作用强度，可以把环境分为一般环境与具体环境。一般环境是指对某一特定社会中的各类组织或个人都发生影响的环境，它影响的范围通常较广，影响的方式是间接的，影响的层面则是深层的；具体环境是指那些对管理者的决策和行为产生直接影响，并与实现组织目标直接相关的要素。社会的政治环境决定了学校的政治方向和阶级属性；经济环境制约着学校教育的规模；技术环境影响着学校教育手段的更新；人口环境决定了生源结构的变化；教育环境制约着教育的受重视程度；法治环境影响了学校管理的法治化；文化环境为学校教育提供了深厚的文化底蕴；自然资源环境则为学校的生存与发展提供了基本的物质条件。而学校的具体环境包括：政府及教育行政部门、社区、家庭、同类同级学校、其他社会服务部门、社会教育机构等。

2. 高校的环境管理。环境具有复杂性、动态性和不确定性，因此，开展环境管理，可以把握环境变化，减小组织发展的不确定性，增强组织的适应能力，主动塑造有利于组织的环境。

（1）采集信息，监测环境。学校所赖以生存的外部环境总是处于不断变动的状态，发生着或大或小、或快或慢的变化。因此，学校要建立信息采集系统，监测环境的变动情况，形成预警机制，避免因应对不及时而造成不必要的损失。

（2）分析信息，适应环境。环境中的信息是杂乱无序的，必须通过加工处理才会有用。学校管理者要对得到的信息进行加工，判断哪些因素会对学校的发展产生影响。面对大量的信息，学校管理者要善于把握方向。

（3）组织变革，塑造环境。组织与环境并不是孤立存在的，环境影响着组织，组织也影响着环境，两者是协同演进的关系。组织学习理论认为，组织学习过程既体现了对环境的被动适应性，又在一定程度上体现了组织对环境的能动性，即组织可利用其行为来影响环境，从而使组织与环境达到更好的匹配。

3. 高校与环境的关系。环境是构成组织的要素之一，是组织生存的基本条件。而组织又是环境的产物，其生存与发展不可避免地受到所在环境的影响。因此，组织与环境之间具有相互依存的紧密关系。与物理系统不同，社会系统的边界更加模糊，环境的影响自然就更加深入。对于学校而言，环境是系统的能量源，它为学校提供资源、价值观、技术、要求与历史，所有这些都为组织行为提供了约束和机会。学校与环境的关系表现为以下两种形态：

（1）被动适应。学校管理者对环境因素缺乏足够的重视，主动把握环境变化的意识不强，总是在环境因素的逼迫下被动地做出调整。比如，生源大幅度萎缩后，校方才不得不采取小班化教学，以消化师资的冗余。在这一形态中，管理者放弃了自身的努力，对环境完全采取顺从的态度，因而学校往往只能勉强维持生存而难以有所发展。学校必须通过主观的战略行为来抵御外界的变化，并且影响环境，进而改变所处环境以求得有利的地位。通常学校可以通过知识的积累、核心竞争力的打造等策略，主动塑造有利于自身的环境。

（2）有效管理。无论是被动适应还是主动应对，人们对于组织与环境关系的认识都是对立的，而实际上两者之间的关系不是简单的组织决定环境或环境决定组织，而是相互依存、彼此影响。认识到这一点，学校就应寻求被动适应与主动应对的整合与统一。

（二）高校的校园文化建设

1. 高校的校园文化。作为一种特定的组织文化，学校文化与其他组织文化一样具有传承性、共享性、动态性等共同之处，但同时又有着不同于其他组织文化的特殊之处。

（1）校园文化的特征。

第一，教育的鲜明性和目标的明确性。学校是一个育人机构，这就决定了学校文化的教育性。学校应该是一个充满文化气息的地方，学校管理者要善于运用文化的力量来感染师生员工，在潜移默化中引导学校向前发展。为此，学校文化应当围绕育人的目的来精心设计，使之蕴涵特定的愿景与明确的目标，从而传递对师生员工的期待并引导其言行举止，最终实现文化育人。

第二，内容的综合性和形式的多样性。学校文化必须在纵向上具有包容性、在横向上具有统合性，即吸纳古今中外的优秀文化成果，让师生培植根基、丰富底蕴、放眼世界、开阔视野。因此，学校文化不能只有课堂文化，它必然包含多种多样的文化形式。例如制度文化，包括教师的教育教学行为规则、学生的一日常规、领导者的管理制度等；行为文化，包括学风、教风与校风；物质文化，包括学校的建筑、雕塑等。

第三，吸收的选择性和释放的辐射性。学校文化应该是开放的，但基于学校本身的特殊性，它不可能对一切文化因素照单全收，必然要进行筛选、过滤、升华，以形成自己特有的文化体系。学校文化一旦形成，又需要将它释放出来，以产生文化的影响力。学生是学校文化释放的首要对象，他们身上必然会留下学校文化的深刻烙印；教职员工也会受到学校文化的影响，这使他们有别于其他学校的人员；优质的学校文化还将进一步扩散到周边，对社会文化产生辐射作用。

第四，要求的隐蔽性和时效的滞后性。学校文化在育人方面是有明确目标的，但这种要求往往不是直白地呈现出来的，而是隐含在各种活动与环境中，不露痕迹地影响着师生员工，让他们在无意识中慢慢内化，从而获得某些共同的元素。

（2）校园文化的类型

每一所学校的文化都是其独有的，都是独特的，但还是可以将它归纳为若干种类型。斯坦霍夫和欧文斯在量化研究的基础上辨别出了三种学校文化类型，并用隐喻性的语言对其进行了描述：

第一，家庭式文化。家庭式文化类学校常可用家庭或小组来比喻，校长常被描写成家长（强或弱）、养育人、朋友、兄弟姐妹或教练。在这样的学校中，相互间的关心与超越自身职责对学生尽心尽责同样重要。每个人都乐于成为大家庭的一分子，并为之尽自己的力量。

第二，机械式文化。可以把学校比喻为一架机器：加好油的机器、政治机器、忙碌的蜂房或生锈的机器。把学校比作机器纯粹是针对学校所具有的工具性意义而言的。机器的驱动力来自组织结构本身，而这类学校的社会结构组织较为严密。

第三，表演式文化。表演式文化类学校即将学校比作由深受喜爱的艺术家表演的马戏、百老汇歌舞、宴会或编排精美的芭蕾舞演出。这类学校中的教师所做的与群体有关的社会活动，与他们在家庭式文化学校中的同事所做的相同。

每种学校文化类型都各有利弊。家庭式文化充满了温情，关爱每一个成员，但组织较为松散，对质量的把控不严；机械式文化结构严密，流程清晰，但存在着将人工具化的倾向；表演式文化关注质量，教师对自身的工作富有激情，但对校长的领导能力提出了更高的要求。

2. 高校校园文化建设的策略。

（1）发挥校园文化建设各主体的作用。学校的文化建设需要各方的努力，学校管理者、教师和学生应当扮演好各自的角色，发挥自身应有的作用。

第一，学校管理者要扮演好设计师与倡导者的角色。学校管理者要认清自己在学校中的地位，把建设学校文化作为自身的重要工作。要有清晰的学校文化意识，不能只满足于处理学校的日常事务，执行上级的各项指令。要对学校文化建设有理性的思考，并且形成完整的工作思路和具体设想。学校管理者要站在文化的高度来看待学校的每一项工作，要让每一个事件都体现出文化价值。

管理者要站在时代文化的前列，用学校的核心价值观引领教师与学生，让社会的主流文化和学校文化建设有机结合。管理者的首要任务是对学校的文化发展进行设计，并把美好的学校文化发展的蓝图作为全体师生的共识，成为全体师生共同的奋斗目标。管理者要运用准确的形势发展洞察力，正确把握学校发展的方向，给学校未来的发展做好"定位"。

第二，教师应发挥承上启下的作用。教师在学校文化建设中的作用是双向的：一方面他们要与学校管理者一起做好学校文化设计工作；另一方面又要进一步将学校所倡导的文化理念传递给学生。对于教师而言，实践学校文化理念的主要方法是在学科建设和课堂教学活动中融入学校文化。学科建设和课堂教学活动是师生价值观念、行为规范、思想意识、情感态度等最集中、最稳定和最基本的学校活动，师生在校的大多数时间都是在这些活动中度过的。学科建设和课堂教学活动因而成为文化建设的基本活动与过程，成为教师实践学校文化理念的主阵地。教师要以课堂为载体，以学校文化理念为大背景，在此基础上教授教学内容。

教师需要提升的不仅是专业知识和教学技能，还包括自身的文化品位。教师对学生的影响是全方位的，由于计算机、互联网的高度发达，教师对学生的知识优势已逐步丧失，但对学生道德品质、行为习惯、人格修养等方面的责任却在增加。具备较高文化品位的教师，才能在非知识领域给予学生正确的引导。

第三，学生既是学校文化的承载者又是学校文化的建设者。学生是学校的教育对象，是学校各项工作的最终受益者。不论是学校的课程文化、教学文化、研修文化，还是教师文化、节庆文化、社团文化，一切都是以学生为目标指向的。总而言之，学校文化最终是体现在学生身上的，学生承载着学校文化。

学生是学校文化的承载者，是一群有生命、有思想、有感情的人，而不是一个个消极被动的学校文化的"容器"。因此，学生在接受学校文化影响时，也在主动参与甚至改造着学校的文化。在各种社团活动、文艺表演、体育竞赛、节庆典礼中，若没有学生的积极参与，那么这些活动就会失去引导和教育学生的意义。因此，学校管理者要精心设计、细致安排，教师要全力配合、热情帮助，让学生主动参与、充分展现。

充分发挥学生的作用，在学校文化建设中应当体现出民主性、生成性和发展性，这就意味着学校管理者和教师必须注重增强学生的主人翁意识，尊重他们的民主权利，听取学生的意见，反映他们的意愿，调动学生参与学校文化建设的主动性，发挥他们的创造性。采用培养、教育、转化、生成、熏陶的方法，让学生获得体验、得到感染、实现交流，从而发挥主导、渗透、示范的作用，最终通过学生主体的选择不断形成并延续学校文化中富有个性、先进的成分。学校文化不应是静态、单一的，而应是动态、开放、多元的。在学校文化建设过程中，要包容学生文化中不易被管理者和教师所理解与认同的部分，通过扬弃与创新使学生引导正确的文化方向。

（2）推进校园文化的建设。

第一，分段开展学校文化建设活动。学校文化的形成一般要经历七个阶段：①孕育。学校领导在调研的基础上，综合前人教育思想和外校经验，逐渐形成自己的办学思想，初步孕育出办学理念的轮廓。②选择办学理念。办学理念必须立足于本校的具体特点，根据自己的目的、环境要求和组成方式等特点选择适合自身发展的办学理念。③倡导与实施。学校领导通常利用各种媒体和培训活动来倡导其办学理念，通过自身的言传身教和重大事件的成功处理，促进教职员工对重要价值观和行为准则的认同。④碰撞与磨合。任何一种新的办学理念与原有的学校传统都存在一个调适的问题，两者之间需要一段时间来整合。⑤逐步完善。建立必要的保障制度，促进办学理念的实施，使业已形成的组织文化走向完善。⑥定型化。在一以贯之的努力下，学校文化趋于固定。⑦新的发展。随着时代的变迁，已经定型化了的学校文化需要有新的发展。

第二，内化与外化学校的文化理念。从某种意义上说，学校文化建设就是将文化理念内化与外化的过程。校园的自然环境和各类设施都具有直观形象的特点，能体现设计者、建设者和使用者的价值观、审美观。若这些物质因素都具有独特的风格和文化内涵，就能潜移默化地影响学校群体成员的观念和行为。学校生活除了学校的物质环境与活动之外，还呈现于各类组织生活之中。学校的文化理念需要，可以具体化到各类组织生活之中，形成独特的教研组文化、年级组文化、班级文化。文化建设最终需要深入人的生存方式中，成为学校管理者、教师和学生的新型生存方式。这通常要与学校的整体改革融合在一起，但就学校文化建设而言，必须有意识地促进这一目标的达成。

第三，提升学校管理者的领导层次。学校文化建设的关键在校长，这就要求校长必须提升自身的领导层次。有研究人员指出，校长的领导层次可以分五个等级：技术领导关心的是工作计划的制订等具体性的技术工作；人际领导注重沟通，善于鼓舞教职员工的干劲；教育领导自身的教育教学业务出色，能够对其他教师进行指导，提出建议；象征领导往往能够以身作则，率先垂范；文化领导则重视价值观的引领。

三、高校管理的理论透视

（一）高校管理的认知

高校管理活动是提高学校教育活动有效性的重要途径，科学的学校管理将为师生提供愉快的学习与工作环境。管理是一种古老的活动，是人类社会的基本活动方式之一，它存在于现实生活之中，也存在于学校活动之中。在学校中，不仅有人们熟悉的教育活动，也有对教育活动起着重要影响作用的管理活动。因此，对高校的教育活动研究越来越深入，这也正在吸引着越来越多的有志者参与其中。

1. 高校管理的主体与内容。

（1）高校管理的主体。高校的管理主体是有权力对学校事务进行管理的人员，也称为学校管理者。大部分人将学校的领导当成学校的管理者，认为只有校领导才有权力对学校的相关事务进行管理。但现代学校管理概念认为有权对学校进行管理的人员不仅有学校领导，还有学生、教师和家长，这些人共同组成了完整的学校管理主体。

学校领导是学校的管理者。对于学校各项日常事务的管理、学校的环境建设、学校章程与制度的制定、学校教育教学的运行等，学校领导者都要做出相应的决策。学校领导有不同的层次，有高层的校级领导，也有中层的处室领导。另外，各个部门的职能人员也是学校的管理者。为了区分领导者与职能人员工作职责与分工的不同，通常认为，领导者是做决策的，职能人员是执行决策的。因此，在管理上通常有领导与管理的区别，也有领导者要做正确的事，管理者要正确地做事的观点。

教师是学校的管理者。由教职工代表组成的教职工代表大会是监督校长行使权力的民主机构，教职工有参与管理学校的权利。教师对于学校的办学方向、教育改革及教学管理中的重大问题，对学校各级领导干部的奖惩、晋升、处分、免职等都有建议权，对学校领导干部的工作有监督评议权，这些都充分说明教师也是学校的管理者。

学生是学校的管理者。学校的社团组织、学生会等都是学生的自治组织，是学生自我管理的机构。他们不仅要参与组织各项活动，促进学生的身心发展，也要维护学生的权益。对于关系学生切身利益的学校事务，学生自治组织有权代表学生参与相关的管理，如学校食堂的改进、学校图书馆的图书引进等，通过书面申请、参与讨论等方式，学生也可以成为学校的管理者。

家长是学校的管理者。家长参与学校管理是学校实施民主管理的具体体现。家长作为学生的监护人有权了解学生在学校的各项表现及学校为学生创设的学习环境。同时，家长参与学校管理能够改变学校管理的封闭状态，使学校了解更多的外部信息，对提高学校的管理效率及提升学校的管理质量大有裨益。家长参与学校管理有多种渠道，如成立家长委员会、召开家长会等，都是学校积极鼓励家长参与学校管理普遍采用的形式。家长委员会参与学校管理，不仅拉近了家长和学校的关系，而且也给校园管理增加了透明度，给校园带来了活力。

（2）高校管理的基本内容。依靠团队人员的共同努力来帮助团队更科学、更合理、更有效地完成任务，这一过程就叫作管理。那么，高校管理则是学校的管理人员对学校的所有资源进行有计划、有条理的科学管理的过程，目的是贯彻教育方针、实现培养目标和提升教学质量。

学校工作始终伴随着两条线索来展开：第一是学校的教育活动，主要发生在教师和学生两者之间。教育活动是教育者依靠某种社会所需或者受教育者的发展情况而进行的一种教育实践活动，它的特点就是受教育者会受到直接的影响。第二就是学校的管理活动，其特点是受教育者会受到这一活动直接或者间接的影响，这种活动是依靠学校的管理人员对学校教育活动进行有计划、有组织的科学指导和管理来开展的。因此，对于学校而言，教育活动和管理活动显然不一样，它们都有着各自的作用。教育活动是学校实现培养目标的关键性实践活动，而管理活动在教育活动开展过程中能够起到辅助和补充作用。由此可见，学校教育活动和管理活动二者同等重要，缺一不可。

学校管理活动在施行过程中会出现诸多问题，因为会运用多种方式和手段来应对不同的学生和教师个体，出现问题在所难免。这些现象会引发人们对学校管理的思考，启发人们寻找更全面的方法、采取更有效的措施去指引学校管理活动走向更科学、更合理的方向。

2. 研究高校管理的主要原因。

第一，研究高校管理是为了发现和认识学校管理规律。研究学校管理离不开对学校管理现象的认识，而对学校管理现象的认识则有助于发现和认识学校管理的客观规律。学校管理过程中出现的诸多学校管理现象，能够体现出其自身发展的内在逻辑，同时还能够反映出它的变化趋势。学校管理现象不受学校管理人员的态度和思想的控制，它具有稳定性和规律性。因此，学校管理人员可以深入分析学校管理现象的发展趋势和变化原因，以便对其有一个科学准确的认识。当学校管理人员对学校管理现象发生原因的剖析越发深入、细致，就越能够挖掘影响学校管理现象变化趋势的内在逻辑，也就能够依照学校管理的本质和规律进行管理活动。

第二，研究高校管理的目的是科学规范学校管理行为。学校管理行为主要表现为三种类型：其一，学校管理人员无视学校管理规律，将自己的思想凌驾于规律之上，这种管理方式是荒谬的，必须加以修正；其二，学校管理人员将经验放在首位，认不清客观规律的重要性；其三，学校管理人员积极正确地认识学校管理的客观规律，根据客观规律进行管理活动，这是值得肯定和推崇的管理行为。

第三，研究高校管理的目的是发现并探索出学校管理的延伸点。人们对学校管理的客观规律的掌握并不是简单的事情，尽管许多人对学校管理现象的规律有一定认识，但是却无法保证他们会自主遵循客观规律来进行学校管理活动。因此，必须采取全面科学的方法和举措对学校管理现象及客观规律进行深入分析和探究，比如对显性学校管理规律和隐性学校管理规律的探究，对动态学校管理规律和静态学校管理规律的探究，对普通学校管理规律和特殊学校管理规律的探究等。经过对学校管理规律的不断分析研究，找到其延伸点，有助于学校管理朝着更加准确合理的趋势发展。

3. 教育管理与学校管理的关系。教育管理是有权管理教育的部门为实现教育目的、执行党和国家的政策和法律，采取有效的手段和措施、提高教育质量与效益的活动过程。教育管理是一个范围十分广泛的社会实践活动领域，它不仅包括教育部门在其职责范围内对各级各类教育的管理，也包括非教育部门在其职责范围内对教育事业的管理。这种管理的主体是多重的，范围是广泛的，内容是丰富的，手段是多样的。对于教育管理活动，如果以其管理主体的层次不同作为管理范围的划分标准，那么可以将其划分为以国家行政部门为管理主体的、宏观上的教育管理与以学校为管理主体的、微观上的教育管理。这两个层次的管理构成了教育管理的总体范畴，宏观上的教育管理又称为教育行政，微观上的教育管理又称为学校管理。

在我国教育制度中，学校可因其施教对象的不同而划分为实施学前教育的学校、实施初等教育的学校、实施中等教育的学校以及实施高等教育的学校；又可因其施教内容的不同而划分为实施普通教育的学校、实施职业教育的学校以及对已经走上各种生产或工作岗位的从业人员实施教育的成人学校。学校管理与教育管理是从属关系，二者既有不同点，又有相同点。不同点在于：学校管理与教育管理的范围是不同的，学校管理是教育管理的一部分，其管理范围小于教育管理；相同点在于：学校管理与教育管理的目的都是要通过有效的管理活动促进人的发展，管理的要素都是人、财、物、时间、空间和信息。

4. 高校管理与行政管理。

（1）高校管理体现的教育意义。从教育学视角上定义学校管理，要从源头开始梳理。中华人民共和国成立前最早的学校管理名为学校行政，这个时期的学校管理大部分是根据以往经验沿袭下来的管理方式。我国的教育管理研究已经进入同期教育研究的领先水平，特别是"教育行政"已初步形成"学科体系"，有了自己的研究对象、研究方法和概念系统。

教育学意义上的学校管理在很大程度上，是以教育对象为自己的研究对象，进而对其进行相应的安排与调节。教育性是学校管理的始点与旨归。既然学校组织的本质是教育组织，那么它对管理的要求也必然是最大可能地体现其教育性，发挥其教育影响力。换言之，学校管理的出发点，即其所要解决的根本问题，就是要保证学校作为教育组织的功能得到充分展现，也就是保证教育活动的顺利进行。从这一点出发，学校管理活动的归宿即其所要达到的目标就是学校要最大可能地发挥教育力量，促进学生全面发展。因此，学校管理的价值追求是教育性。没有教育性的组织不是学校组织，不为教育的管理也不是学校管理；失去了教育性，学校及其管理也就失去了其本身存在的意义。由此可见，教育学意义上的学校管理更加注重学校教育实体属性，同时将教育的目的作为学校管理的出发点与立足点。

（2）高校管理体现的管理学意义。管理学上对管理这一概念还没有一个清晰的界定。由于不同的学者抑或是管理学家的侧重点不同，所以管理的内涵也是各有殊异。事实上，管理学意义上的管理，首先，它是一种活动。管理必须采用活动这一具体的行动方式来开展。其次，它是一种职能活动。管理并不是一个无序的行动，而是运用各种职能组织起来的活动。最后，它是一种计划、组织、协调、领导、控制、激励、创新的职能活动。因此，在管理学意义上，学校管理应该是在学校内部及其外部所进行的一项计划、组织、协调、控制、领导、激励、创新的职能活动，该活动的具体场所是学校。

管理学思想的引入为人们全面理解学校管理提供了方向。简言之，引入管理学思想的学校管理学开始从单一的"教"转变为"管"。因此，借鉴西方的教育管理理论，同时结合国内的教育发展实情，提出我国特有的学校管理理论才是根本要义。

5. 教育管理与教育行政。教育管理是指国家为贯彻教育方针，实现培养目标，而对教育系统所进行的计划、组织、控制等一系列有目的的连续活动。它包括教育行政管理及学校管理两个部分。学校管理的主要内容是学校管理体制、学校管理过程和方法、学校思想政治工作，教学、科研、生产劳动、体育卫生、人事、保卫、总务、财务、图书仪器以及其他各项工作的管理等。教育行政亦称"教育行政管理"。教育行政管理的定义为：国家对教育事业的组织、领导和管理，以及承担国家对国民的教育义务和实现教育目标，由各级教育行政机关负责。其主要内容有：贯彻教育方针、推行教育法令、拟定教育规章、编制教育计划、审核教育经费、任用教育人员，视察、指导和考核所属教育行政单位和学校工作。

其实教育管理本身不是目的，而只是一种手段。教育管理的目的归根结底是保障全体公民的受教育权利，并为实现国家的教育理念、促进社会教育事业的发展创造条件。教育管理的外延与内涵是明显大于教育行政的。教育行政是教育管理中的一部分，也就是说教育行政是一个从属概念，而教育管理是其上位概念，除了教育行政管理之外还有学校管理。从具体关注点来看，教育行政更多的是站在一个领导全局的高度，去制定相关的政策法规并对其进行实施与监督等。可以认为教育行政是同教育国家化紧密联系在一起的，是现代国家行政职能扩大化的产物。

　　教育行政是从一个宏观的视角来进行管理，从总体上对全部的教育事业发展所进行的规划、计划和协调，以求达到最佳效果。而教育管理的另一层面——学校管理，则更加关注微观的层面。它是服从于"宏观管理"（当然它也有很大的自主权），在宏观管理的指导下进行，其目的在于充分发挥校内人力、财力、物力诸因素的作用，利用校内外各种有利条件组织和领导学校全体成员，以有效实现学校教育目标。

　　6. 学校经营与学校行政。学校经营与学校行政从其字面意义上，可能看不出太大的区别。仅有的差异可能仅仅体现在"经营"与"行政"两个词义的不同。但研究发现，两者的差异不仅仅是用词的不同，其理论基础也有着显著的差别，也就是说两个概念的确立是建立在不同的学科基础之上的。学校经营更多的是从经济学的理论基础出发，结合教育机构（学校）的环境条件，合理配置教育资源，以实现学校效益最大化，最终实现教育目标。其更多的理论来源于上位学科——教育经济学。而学校行政则不同，它是从政治学、管理学的理论基础着眼，更多的将思想建构在教育行政学这一上位学科。它是为了实现教育目标，对教育事业进行的组织、领导和管理。它更偏重于宏观层面的指导，学校经营更倾向于微观的"执行"。

　　另外，两者的历史发展时间也是不同的。学校行政在隋唐时代就已经形成，它是与当时大一统中央集权的政治领导体制相适应的。而学校经营是伴随着计划经济体制向市场经济的转型过程产生的。社会的迅速发展使外来思想影响着原有的落后的教育理念，人们逐渐认识到教育，尤其是学校教育不能仅仅依靠国家管理，而要适应市场经济的需要，必须要有一个思想上的突破，即学校在某种程度上也是可以"经营管理"的。

学校行政的概念相对来说比较少见，因为教育行政的外延往往包括了学校行政。但是通过仔细分析可以发现两者还是有区别的。学校行政单指学校这一特定场域，比较具体。相比学校经营而言，学校行政应该是教育委员会根据学校教育法等教育行政法规，对学校有总括性的管理权，并且依照法令、条例、规则的有关规定，执行事务的管理，这些事务没有超过学校的管理经营范围，大部分事务是通过校长的判断或职员会议的决定进行处理的。

由此可见，从范围而言，学校经营的范围应该更为广泛，它不仅仅关注学校的内部，同时还注重学校诸多的外部环境。学校行政只是重视了学校的内在行政管理，对于外部的关注相对较少。

（二）高校管理的理论基础

1. 科学管理理论。科学管理理论的主要观点：一是在科学手段治理之下，工作人员需要将过去的知识整理汇总，并进行统计、分类，完成一份完整的操作规范与流程制度，帮助工人更好地完成日常工作。二是总结工作的操作步骤和方法，替代以前的依靠经验的工作方法。三是更加精准地选择工人，开展相关的辅导工作，让其成长起来。这与过去让工人自主选择工作、根据自身情况进行训练有很大区别。四是充分配合工人的工作，保证安排的工作内容都可以依照事先制定的计划开展。五是将管理人员和工人的职责平均分配。管理人员要负责相比工人而言更擅长的工作内容，之前，管理人员是把大部分工作内容都分配给工人。

2. 一般管理理论。经营和管理是两个不同的概念。"经营"是指导或引导一个组织趋向一个目标，它包括技术活动、商业活动、财务活动、安全活动、会计活动、管理活动，"管理"是这六种活动中的一种，它由计划、组织、指挥、协调、控制等五种要素构成。管理应当预见未来，预见性即使不是管理的全部，至少也是其中一个基本的部分。预见,既表示对未来的估计,也表示为未来做准备。因此,预见本身已经开始行动了。

计划工作在不同的情境下可以有多种体现方式。行动计划是把需要实现目标和完成目标的所有方式、手段、过程等做出详细的记录。行动计划非常恰当地展示了所有的计划内容和安排。

组织包括有关组织结构、活动和相互关系的规章制度以及职工的招募、评价和训练等。一个组织的效率取决于其成员的素质和创造力,所以应特别强调对职工的选择、评价和训练,职工的地位越高,则对其的选择越应花费较多的时间。

指挥是使社会组织建立后发挥作用所做的努力。指挥权要分配给领导者,每个领导者都承担他自己单位的任务和职责。指挥的目的是使本单位中所有的职工都能做出较大的贡献。

协调是指组织的一切工作都要和谐地配合,以便组织的经营能顺利地进行,并有利于组织取得成功。因此,要使每个部门的工作都与其他部门协调一致,要使各个部门清楚自己所承担的任务和部门之间的相互关系,并且使得各部门的计划经常随情况的变化而调整。

控制是检验每一件事情是否同所拟订的计划、发出的指示和确定的原因相符的过程,其目的是发现、改正错误和防止重犯错误。

3. 科层制理论。"科层制"理论阐述了一种依据理性思维设定的高产能、理想型的工作方式,其中对于团队工作分工和各个级别的设置是该理论体系的重要组成部分。韦伯提出在高效的团队管理系统中,为了更好地完成任务,需要把各个步骤都拆分成一项项基础的工作,然后将其分配给团队的每个成员。在这样精细的划分下,团队中的每一个流程都有固定的人员进行工作,团队中的工作人员之间并不会因为个人情感而影响工作,可以按照理想的规则开展工作。同时,团队要明确指定每个工作人员的责任和权利范围,使得员工可以准确地执行任务。

理想的行政组织体系的结构分为三个层次，最高领导层相当于高级管理层，行政官员层相当于中级管理层，一般工作人员相当于基层管理层。科学管理理论的代表人物不仅强调了上述理论，而且归纳了提高管理效率的基本原则：

（1）统一指挥原则。统一指挥原则是指组织中没有一个人应该接受来自多方面的命令，组织中的上级与下属要明确自己的权责范围，形成纵向的沟通渠道，以避免产生无人负责的现象。

（2）授权的原则。授权原则的含义是要在一个内容提出后，把最终的决策意见记录下来，便于在日常工作中准确地使用，并且要尽量安排员工独立完成，这可以使得高层的管理人员把有效的时间挪出来去完成更加重大和紧急的任务，专门负责和常规事务内容不同的事情。

（3）责权相符原则。责权相符原则的含义是需要将任务分配给下属员工去完成，并且给予其一定的权利，这样，被给予权利的员工会对此项工作担起责任，在管理中的一个重要原则就是要让工作人员的职权和责任划分清晰。

（4）控制幅度的原则。控制幅度原则要求关注管理人员和其下属在数量层级上的关系，这关系到团队中的领导者和组成人员的基本组织架构。每一个管理人员负责的团队中的员工人数最好少于六人。这需要管理人员掌握对于幅度的定义，若下属人员的数量按照算数关系递增，那么需要的管理人员的数量也要呈几何关系递增。管理人员不需要对下属的人数制定固定的规则，而是要关注管理人员的个人特征及他和下属人员在地理位置的远近以及他的下属人员在完成工作时的稳定程度等。

4. 需要层次理论。需要层次理论把人的各种需要划分成五个层次，并按照其需要满足的先后顺序进行排列。

（1）生理的需要。生理的需要是指人类对维持生存、延续生命的基本的物质需要，如对食物、水、住房等物质条件的需要。人们有关生理的需要是第一位的、最优先的需要。

（2）安全的需要。安全的需要是人们为了规避危险和威胁等的需要。具体包括稳定、有依赖等方面的需要，如对人身保险、医疗保险、食品卫生、住房保障等方面的需要。当生理需要满足时，人们就会追求安全的需要。

（3）社交的需要。社交的需要是指人们对感情和归属的需要，包括人们对朋友、亲人、团体、家庭等正式或非正式组织的位置期待等。当一个人的物质需要和安全需要获得了相对的满足后会产生社交的需要，若一个人不被他人或集体接受，则将会产生孤独感、自卑感、精神压抑、心情郁闷等体验。

（4）尊重的需要。尊重的需要是指人们对地位和受人尊重的需要，包括自尊心、自信心、成就、名誉等外界对自我的尊重和自己对自我的尊重等需要。

（5）自我实现的需要。自我实现的需要是指一个人要实现自己的理想，并能不断地自我创造和发展的需要，包括他寻求最适宜的工作，发挥他的最大潜能，表现他的情感、思想、愿望、兴趣、能力、意志和特性等方面的需要。

虽然需要层次理论存在抽象地谈论人的需要等不科学的方面，但把人的需要分为不同层次这一点无疑是正确的，也是可供学校领导者借鉴的。学校领导者可以从解决教师和学生的基本需要着手，逐步解决其他问题，为学校教师和学生的创造力与潜能的开发，以及他们的自我实现创造条件。例如，在学校管理中，可以通过改善学校的校舍、保险、工资待遇等物质条件，满足或基本满足教师和学生的生理需要与安全需要的期待，通过营建良好的学校文化，增加晋职、奖励等机会，适应教师和学生社交的需要、尊重的需要以及自我实现的需要等高层次需要的期待。

5. 双因素理论。双因素理论也称"激励、保健因素理论"。赫茨伯格将使职工感到满意的属于工作本身或工作内容方面的因素

（如成就、赏识、工作本身、责任、提升、成长等）称为激励因素；使职工感到不满意的工作环境或工作关系方面的因素（如政策和管理、监督、与上级的关系、工作条件、工资、与同级的关系、个人生活、与级的关系、地位、安全等）称为保健因素。保健因素类似于卫生保健对身体所起的作用，只能预防疾病，不能直接提高健康水平。同样，在工作中保健因素不能直接起到激励职工的作用，但能防止职工产生不满情绪。当保健因素改善后，职工的不满情绪会消除，但并不导致积极的后果，而只是处于一种既非满意，又非不满意的中性状态。只有激励因素才能使职工产生满意的、积极的效果。双因素理论与需要层次理论均能为解决学校的管理问题提供启迪。

6. 人际关系理论。人际关系理论是早期的行为科学理论，其从人本的观点出发，用试验的方法去探讨管理过程中人的因素对管理效率的影响，给学校管理者以新的启迪。由此可见，学校管理效率的提高，既不能单纯从学校组织的观点去设计，也不能完全用科学的工作分析方法去解决。提高学校管理效率的重要途径在于建立和谐的人际关系。受人际关系理论的影响，部分学校领导者更加重视教职工在学校管理中的主体地位，开始探索民主管理的理念和学校管理的民主化问题，教师参与管理的理念和做法反映出在教育管理领域，学校领导者一定要意识到教职工和学生才是学校发展的动力之源，要重视教职工和学生的心理、社会等需要，注意教职工和学生的满意程度和内在动机，积极调动教职工和学生的积极性与主动性。

因此，学校领导者应致力于：激励教职工的工作热情、事业心、责任感和成就感；为每个教职工的知识、才能的发挥创造机会和条件；加强组织内部的团结，消除人与人之间的矛盾和冲突，改善学校内外的人际关系，增强群体意识和组织的凝聚力；帮助教职工消除困惑和苦恼。

7. 管理方格理论。人际关系理论虽然注意了人的社会属性，提出了"非正式组织"的概念，但在对如何协调正式组织与非正式组织间的关系方面又表现得较为欠缺。因此，出现了专门研究正式组织与非正式组织相互关系的组织行为理论。其中，管理方格理论是比较有代表性的。

管理方格理论认为，领导方式存在着"对人的关心"和"对生产的关心"两种不同因素的结合，领导者应避免只关心一个方面的极端倾向。理论的启迪有相通之处，学校管理者在重视改善学校物质条件的同时，也可以创造条件。

8. 当代管理理论。社会系统学派认为，"效率（efficiency）"和"效果（effectiveness）"这两个词是有差异的。组织要想持续存在，有效性和效率都是必不可少的，而且组织存在的时间越长，这两者的必要性就越发突出。组织的活力在于组织成员贡献力量的意愿，而这种意愿要求这样一种信念，即共同目标能够实现。如果在进行过程中发现目标无法实现，那么这种信念就会逐渐削弱并降到零，有效性就不复存在了，做出贡献的意愿也就随之消失。同时，意愿的持续性还取决于成员个人在实现目标的过程中所获得的满足，如果这种满足不能超过个人所做出的牺牲，意愿也会消失，组织就没有效率；反之，如果个人的满足超过其牺牲，做出贡献的意愿就会持续下去，组织就富有效率。

第 二 章

新时期高校行政与财务管理

一、高校服务型行政管理模式及其构建

(一) 高校服务型行政的理论认知

1. 服务型行政的理论基础。高校是以文化性、学术性为标志的社会组织,其行政管理本质上仍然属于社会公共管理范畴,因此,高校行政管理理念和管理制度不可避免地受整个社会管理思想变革的影响,其中影响最大的当属服务行政理论、新公共服务理论,而这两者也构成了高校建设服务型行政的理论基础。

(1) 高校的服务行政理论。"服务行政"概念来源于"公共服务",公共服务的概念正在取代主权的概念成为现代公法的基础。服务行政理论涵盖了多个方面的内容,但国内学者普遍认为为人民服务、促进人的全面发展是服务行政最根本的主题。在服务行政模式中,"为人民服务的宗旨不仅是一种行政观念,而且是通过立法的形式被确定下来的一种制度";[1] 服务成为"一种基本理念和价值追求,政府定位于服务者的角色上,[2] 把为社会、为公众服务作为政府存在、运行和发展的基本宗旨";"政府以人的全面发展为目标,就可以实现对个体目标[3]和社会整体目标的系统整合"。

服务行政促进人的全面发展这一主题,与我国高等教育的目的

---

[1] 张康之:"行政道德的制度保障",载《浙江社会科学》1998 年第 4 期。
[2] 张康之:"限制政府规模的理念",载《人文杂志》2001 年第 3 期。
[3] 张康之:"限制政府规模的理念",载《人文杂志》2001 年第 3 期。

是一致的。《中华人民共和国高等教育法》第 4 条规定：高等教育必须贯彻国家的教育方针，为社会主义现代化建设服务、为人民服务，与生产劳动和社会实践相结合，使受教育者成为德、智、体、美等方面全面发展的社会主义建设者和接班人。《高等教育专题规划》中也明确：高等教育坚持育人为本，把促进学生健康成长作为高等学校一切工作的出发点和落脚点，把促进人的全面发展和适应社会需要作为衡量人才培养水平的根本标准。根据服务行政理论，高校的行政管理应将师生全面发展的追求放在行政管理目标体系的核心位置，以师生的全面发展为目标制定政策，使师生的个体发展与学校的整体发展保持一致。当然，这种一致性需要一套科学的行政运行机制做保障，这是高等教育理论研究者与实践管理者所面临和需要解决的重要课题。

（2）高校的新公共服务理论。这其中，新公共管理理论，特别是被称为新公共管理理论精髓的"企业家政府理论"，从诞生之日起就遭到许多质疑。许多公共管理学者认为，政府部门与私营企业不同，为社会公众服务是政府部门的根本属性。政府部门的工作重心应该放在为公民服务和向公民放权上来，政府的根本任务是建立具有完善整合力和回应力的公共机构以向社会公众提供服务。

新公共服务的理论先驱包括：①民主社会的公民权理论。民主社会的公民权理论提倡再度复兴的、更为积极的和更多参与的公民权。②社区和市民社会的模型。在该理论中公民能够以个人对话和讨论的形式参与到公共行政领域中，而政府的作用，在于帮助创立和支持这种形式。③组织人本主义和组织对话理论。该理论认为在后现代社会中，公共管理必须以所有各方真诚、开放的对话为基础。新公共服务的七大原则是：①服务而非掌舵。②公共利益是目标而非副产品。③战略地思考，民主地行动。④服务于公民而非顾客。⑤责任并不是单一的。⑥重视人而不是生产率。⑦超越企业家身份，重视公民权利和公共事务。

新公共服务理论是在对新公共管理理论批判继承的基础上发展而来的，它肯定了新公共管理理论对推动当代公共管理实践活动的积极意义，同时摒弃了作为新公共管理理论核心的"企业家政府理论"。新公共服务理论关注的重点在于民主价值和公共利益，主张把效率和生产力置于民主、社区、公共利益等更广泛的框架体系中，力求建立一种以公共协商对话和公共利益为基础的公共服务行政。由此可见，新公共服务理论的价值取向是民主，高度重视公民权利、公民意识、公民身份和公民价值，追求最大程度的公平、民主和公共利益的最大化。

新公共服务理论的核心是把民主、公平、公正和正义看作公共行政的首要价值取向，把公共利益的获取放在首位，并时刻强调行政部门的服务性。高校行政管理本质上是教育管理的衍生行为，其存在的价值和目的就是为高校教学科研服务。因此，在新公共服务理论指导下，高校管理就是要建立以服务为导向的行政管理模式，把为师生服务作为学校行政管理的出发点和归宿，把服务师生作为高校行政管理机构的核心价值观。高校行政管理部门在管理决策过程中，要充分考虑并积极维护师生员工的合法权益，尊重他们的意愿，在此基础上，高校的管理部门应倡导实践民主、公平、公正的伦理观，使行政管理人员、教师、学生形成一种彼此平等、互相尊重的和谐关系，使人人平等地享有学校发展的成果。

2. 高校服务型行政的特性。高校服务型行政与一般公共服务行政有着一定的共同特征，例如理念上都是从管制到服务、模式上多是从权力行政到服务行政、内容上遵循公平公正等。然而，高校服务型行政又与一般公共服务行政有所不同，它有以下特征：

第一，专业性。高校服务型行政具有专业性，在于它的主要内容是为教学科研服务，需要知识储备丰富、素质较高、工作能力较强的高校管理人员。高校管理人员不仅需要具备基本的管理理论和相关技能，还需要有高水平的岗位专业知识和技能。

第二，稳定性。高校服务型行政具有稳定性，因为它的服务对象主要是高校教师和全体学生，其对象一般是不变的。对管理部门来说，这有利于他们准确把握服务对象的特征和需要，从而使服务工作更加具有针对性。但是，长此以往会使管理人员对制度产生依赖，墨守成规，不能与时俱进。

第三，超前性。高校服务型行政不仅是为了培养人才、进行科学研究、为社会服务，还有着促进文化传承与创新、引领社会思潮的重要作用，一些学者专家认为这是高校的第四职能。高校要想充分发挥其引导社会思潮的功能，就必须具有超前的服务内容，以便其能够在科学研究和人才培养的过程中做出准确预判。

（二）高校服务型行政的构建

1. 高校服务型行政文化建设。

（1）高校行政文化的界定。高校在校内举行有关行政文化的实践活动，从而形成的高校行政文化，是高校行政活动和行政关系之道德现象、精神状况和心理的体现。高校行政管理活动由专门的行政管理人员负责，与其他行政文化相比，高校行政文化具有以下三个方面的特殊性：

第一，高校行政文化来源于高校行政实践活动的开展。高校行政管理是促进高校教学资源、人力资源和其他无形资源发展的重要核心，高水平的高校行政管理能够在促进人才培养、科学研究和服务社会等方面打下坚实基础。我国高校的规模在高等教育事业的推动下不断扩大，要想在高校之间的竞争中脱颖而出，高校就必须提高日常行政管理工作的水平。虽然高校一般将重点放在教学科研上，但随着高校行政活动逐渐专业化，行政人员的职业水平越来越高，行政管理理论得到了充实和完善，在行政管理活动实践中形成的道德伦理和其他思想观念也成就了完整的个体。由此可见，高校的行政管理实践活动为高校行政文化的萌芽提供了肥沃的土壤。

第二，高校行政管理人员在进行行政管理活动实践时，促进了高校行政文化的产生，进而对高校行政管理人员的行为产生了约束或规范。诚然，高校行政文化也有其不足之处。高校行政文化是由行政管理人员在日常实践活动中的思想、心理、情绪等转化而来的更高层次的道德规范、行政规定和行政习惯，但是这些行为准则或道德规范会在很大程度上限制高校行政管理人员的日常实践活动。

第三，高校行政文化在某种程度上起着管理职能的作用。管理不仅是一种手段，也是一种艺术和文化，管理理论中特定的文化传统和价值观念又推动了管理实践的开展，也促进了管理理论的完善和丰富。高校行政文化不仅产生于高校的行政管理活动，也受到当今文化环境的影响，换句话说，高校行政管理活动也是文化的产物。

（2）高校服务型行政文化的构建。我国当下高校行政文化的发展趋势与我国高校建设道路存在一定的差异性，换句话说，高校行政文化已然成为高等教育事业前进道路上的障碍，所以建设更高水平的高校行政文化体系迫在眉睫，这需要将"服务"作为高校进行文化行政体系改革的核心理念，在行政管理实践活动中促进服务型行政文化的产生和发展。高校行政活动实践是高校服务型行政文化产生的前提和基础，这一方面要求把全体师生的意愿放在第一位；另一方面又要求不能扰乱高校各个系统的正常运营。行政管理的服务对象是全体师生及其利益，因此，高校行政管理在决策实施等方面不仅要充分考虑全体师生的需求，而且要把这种行政理念向社会公众传播。高效服务型行政文化主要有以下四个中心思想：

第一，服务思想。高校行政管理采取的是自下而上的监督方式，而不是自上而下的管制运行方式。行政部门是为全体师生提供服务的对象，为全体师生提供高质量高水平的服务和产品是行政部门的职责，要做到这一点，需要行政管理部门与师生之间建立密切的联系，及时听取他们的意见建议和需要，尤其要注意有关师生个人发展的问题，为提高工作质量打下坚实的基础。

第二，有限行政。滥用职权、越位错位、泛化扩大等现象不仅使行政权力与学术权力本末倒置，而且无法满足广大师生的实际需求，这在很大程度上使行政管理部门的工作开展更加艰难，同时也分散了相关部门处理重要事务的注意力。所以，有限行政理念要及时注入服务型行政当中。换句话说，就是要对行政部门的职权进行限制，要将行政权力的重点放在为师生服务上，而不是让其成为限制师生行为的规章制度。更重要的是，要在服务所需要的范围内行使相关职能，不能越界。有效行政能够将行政部门分散的精力聚集到高校整体发展方向问题上，从而提高行政效率，另外，也让师生重新获得了属于自己的权利，可以促进师生的自我管理。

第三，责任行政。在服务型行政建设过程中，高校行政管理部门要严格遵循责任行政的管理准则。高校行政管理工作要坚持责任与义务相统一的原则。在制定和实施相关规章制度时，要把师生利益放在首位，坚持以人为本的理念，做到履行职责和为师生服务相结合。

第四，透明行政。社会的发展使得对高校民主自治等方面的要求逐渐提高，越来越多的师生主动关注学校发展，并积极参与到学校行政管理的工作中，这就要求学校加快党务公开和校务公开的进程，鼓励全体师生参与到高校行政管理工作当中来，让高校行政具有公开性、透明性。另外，促进高校行政工作透明公开有利于保障全体师生对行政管理工作及工作人员的监督权。

2. 高校服务型行政组织建设。

（1）服务型行政组织理论认知。行政组织是一个双重概念，动态的行政组织是指一个活动过程，是为了达到一定的组织目标而实施的领导、计划、决策、执行、监督、协调等一系列活动；静态的行政组织则是指一个机构体系，是为了达到组织目标而按照一定的权责关系组合在一起的、具有合理结构的公共管理活动群体。

传统行政组织理论包括古典组织理论、行为科学组织理论和现代组织理论。古典组织理论主要包括科学管理组织理论、以法约尔为代表的行政管理组织理论和以韦伯为代表的官僚组织理论。古典行政组织理论将工业管理中的专业、分工、协作等概念引入到行政组织管理中来，强调行政组织管理的程序化、层次化、制度化，改变了以往行政组织根据长官意志运行的状况，有利于提高行政效率，规范组织活动。古典行政组织理论的局限在于它将行政组织作为一个封闭的静态系统来研究，忽视了行政组织系统与外界整个社会系统之间的交互作用。

行为科学组织理论在古典组织理论的基础上更加注重对组织效率及其影响因素的研究，其重点在于研究人以及人的行为对组织效率的影响，还开辟了对"非正式组织"的系统研究。行为科学组织理论开始了对组织内部行为主体的研究，使行政组织研究从静态转向了动态，但其研究还不够深入，特别是对作为整体的行政组织的研究仍带有封闭性。

现代行政组织理论引入了系统论、信息论和控制论的研究成果。他们认为，行政组织不仅是一个结构合理、分工明确的整体系统，更是一个与外界环境相互作用的开放系统，任何一个组织的外部环境与组织内系统都处于运动变化之中。特别是随着信息化、网络化社会的到来，人与人之间、组织内部各系统之间、组织与组织之间的沟通方式发生了根本变革，行政组织的组织结构、管理方式、行为方式也必将发生根本变革。

服务型行政组织理论逐步发展完善，与传统行政组织理论不同，服务型行政组织改变了过去统治行政和管理行政的组织模式，从理论基础和实践手段上对以往的组织理论进行了根本变革。服务型行政组织增强了对外部环境变化的适应性，提高了行政组织对服务对象需求的快回应性，它不仅试图解决组织目标与组织内部成员之间的矛盾，更力求从根本上解决组织目标和利益与组织外部需求和利益之间的矛盾冲突。服务型组织就是把服务作为一种基本的理念和价值追求，将行政组织定位于服务者的角色上，把为组织内外成员、社会公众服务作为自身存在、运行和发展的基本宗旨。

（2）高校服务型行政组织的构建。一般行政组织具有的属性，高校行政组织也有。本质上来讲，高校是一个社会文化组织，主要是为教育和科学研究服务，这是高校行政组织的主要目的。因此，在建设高校服务型行政组织的过程中，首要目的是进行教学科研，除此之外的其他属性，都应该排在这一属性之后。为此，应该从以下四方面着手构建高校服务型行政组织：

第一，构建创新行政组织结构。组织结构规定了组织框架的系统，该系统决定了组织能否科学有效地运行。这一组织结构也是高校组织结构的重要部分之一，体现了高校行政组织的建立、隶属和等级关系，反映了高校行政组织与学校中其他组织之间的关系。高校传统的行政组织结构通常表现为金字塔结构，或者是树形结构，这种组织结构的优势是可以确保需要实施的决策得以集中落实下去，但是，当管理层级较多时，这一组织的弊端也会更加明显。

扁平化组织更适合于高校以服务为导向的行政管理需求。所谓的扁平化，指的是减少管理过程中的中间层级，让相应事务的执行者具备最高决策权。扁平化的组织结构实行的是分权管理，在相应的技术基础上，这一组织结构在降低管理成本的同时也提高了执行效率。目前中国大多数高校实行的三级管理制度，实际上也是一种扁平的组织结构的演变。然而，二者的具体实施过程仍旧存在一定差异，其原因主要是上级对下级的权力下放程度还不够，因此要对行政组织进行管理，让相应的部门得到决策权，并且执行决策时也应该受到监督。

因此，高校行政组织的关键方法，是直接建立管理部门，并下放学校行政决策的权力。这样的组织结构可以将有限的人力资源最大程度地利用起来，充分将高校的多学科优势发挥出来，执行的决策也可以面向更多的人群，使得服务对象能够直接受用。因此这一模式不仅非常高效，也和市场原则相匹配。

第二，整合行政机构职能。高校行政机构职能是指高校行政组织依照法律规定对高校行政事务进行管理时应承担的职责和具有的功能。当前我国规模相当的综合性高校，机构设置几乎都按照党群机构、行政机构、直属机构来划分。通常党群机构下设党委办公室、组织部、宣传部、统战部、保卫部、人武部、纪委、工会、团委等；行政机构下设校长办公室、人事处、财务处、基建处、科技处、实验室与设备管理处、教务处、研究生处（院）、学生处、审计处、监察处、保卫处、保密处等；直属机构一般包括图书馆、档案馆（校史馆）、信息中心、电教中心、后勤集团、校医院、出版社、校办产业集团等。高校的这种行政机构设置和职能分工有以下方面的弊端：

首先，如果单纯地依照政府部门对职能进行划分，并不符合高校行政管理的特点。从本质上分析，高校是一个社会文化组织，其最根本的属性是学术性。因此，高校行政机构的建立和运作都应侧重于教育和科学研究。如果是依照政府部门的模式进行职能划分，则必然造成对学术性这一属性的忽视，即使有主观意愿，客观效果也难以显现。这种模式虽然让行政管理的执行力变强了，但是它的服务功能却削弱了，这也导致高校的行政管理更加重视政治，表现得具有强制性，只关注上级下达的决策，难以做到真正地为学校师生服务。

其次，如果是参照政府部门的职能划分，容易导致高校内多个部门职能的重叠或偏离，这种职能划分会降低行政效率。例如，高校中的部分工作与审计、监督办公室重叠，保安室和保密室的功能也有重叠。其实，许多高校建立的视听中心和计算中心可以放到学校的教务部门中。在实际工作中，由于这些部门相对独立并且拥有多个领导者，如果将不同部门纳入同一任务，不可避免地会降低工作效率。

最后，如果参照政府部门的职能划分，将导致高校各个部门之间的权力失衡。教育和科学研究工作是高校的根本目的，其他工作是在此基础上展开的。但是，目前高校的职能划分使部分职能部门的话语权增加，掌握的学校资源更多，导致发展不均衡。比如，高校中的财务部门、人事部门等，会比教学部门和科研管理部门的话语权更大，这肯定会影响高校的整体健康发展。

整合现有行政机构的职能，意味着具有类似管理职能的部门和工作内容密切相关的部门将被整合成一个部门，进行统一管理。这样不仅可以提高行政效率，降低行政成本，也可以让行政机构更好地处理高校中的各项事务，为所有师生提供更好的服务。这种整合与当前我国为改进政府机关管理而实施的大部制改革相类似。

第三，开放行政组织体系。根据系统组织理论的相关知识，每个行政组织不仅是一个整体系统，还是一个开放系统。这一个系统结构合理，分工明确，与外部环境也在积极发生作用。在社会经济不断发展、高等教育体制深化改革的作用下，高校体系与整个社会体系，以及高校内部的某些体系等之间的相互作用越来越强，双方的整合也在逐渐加深。高校行政管理部门在管理过程中，应该做出改变。以往，高校行政管理部门实行的是单向管理控制，即仅仅对自己下属的部门提供服务，这是单向的。高校应该将其行政控制职能和服务职能两者分开，使相关部门和社会组织都参与到决策中来，并监督行政决策地制定和执行，这将会大大提高决策的民主性和科学性。因为这样的组织系统是非常开放的，高校的行政组织不再是过往的权力拥有者，而是有了更多角色，它既是服务的生产者、提供者，也是服务的组织者。这样，也可以使行政服务更加贴近学校师生，能够充分调动组织内部的潜力，通过各种方法实现不同组织之间的良好互动，让行政执行更加灵活，为学校的所有师生提供更加高质量、高效率的服务。

第四，行政服务方式可以市场化。市场有着双重含义：一个是商品进行买卖的场所；另一个是指特定区域内的商品或服务的提供与支付能力需求之间的关系。市场是社会分工的产物，与商品经济的关系非常密切。市场化是一种由市场需求驱动的运行机制，市场讲究的是优胜劣汰，并通过这种竞争方式达到有效且合理的资源分配，并实现效率最大化。

高等教育不同于商品市场，教育的产业化发展是不科学的，它与中国高等教育的发展是不相容的，但是像竞争和效率之类的市场理念和方法仍然可以被引入到高校管理中来。市场化观念对学习教育和研究中心的工作有一定的积极影响，高校行政管理部门应该根据学校师生的客观需求，吸收市场竞争和激励机制的优势，并将其发挥到具体的管理工作中，为师生提供更多方式、更高质量和更高效的服务。在管理过程中，具体可以从以下三个方面进行考虑：首先是在高校管理中引入市场机制，促进有效竞争的产生。有效的竞争可以避免某一个行政部门在管理过程中出现垄断行为，让管理更具活力。例如，由高等院校进行作风评估，使部门之间形成竞争，评选出最优质的服务。最终，这会有助于形成良好的作风效应。其次是改善行政机构的服务功能，增加服务提供者的数量，使师生对于行政部门有更多的选择性，选择自己最需要的服务，在获得相应的服务之后，还应该及时有效地评估这些服务的提供者。最后是模仿政府部门在高校建立行政服务中心，为学校师生提供一站式服务。

3. 高校服务型行政制度建设策略。行政组织健全的标志，是行政法制得到了完善，这也是依法治国的重要手段之一。随着中央政府关于促进法治的各项政策出台，法治的进程也正在我们社会的各个行业和领域中加速发展。对于高校来说，加强和改善高等教育机构的建设是实施法治的基本原则，这些要求也体现在高校管理的各项规范中。在高校建立服务型行政管理的过程中，最重要的是制度建设，高校在管理过程中，不仅要保证制度的合法性，还应该确保其是科学有效的，这与整个高校服务型的行政建设成功与否息息相关。高校服务型制度建设主要由以下方面构成：

（1）制定科学民主的决策制度。行政决策指的是，在高校管理过程中，要在相关法律法规的规定下去解决管理过程中的问题。行政决策表现出的特征：①行政决策的主体是确定的，是控制执行权的组织和人员；②行政决策范围非常广，包括整个社会或其中的大多数；③行政决策是权威性的，一旦宣布一项决定，它的约束力对于整个社会成员都是有效的；④行政决策必须反映国家或公共利益的意愿。因此，制定的行政决策一定是科学有效的，如果未达成这样的效果，就会对整个社会产生严重影响。

与政府决策相比，高校行政决策除了具有一般性决策的特征外，还具有其自身的特点，主要表现在决策过程中的行政权力与学术权力两者之间的制衡。如果想做好科学的决策，就必须处理好行政权力与学术权力的关系。高校决策制度包括高校的体制建设、规章制度等方面的内容。《高等教育法》规定，高校实现的是由党委领导，校长负责的制度。这是高校的决策方向，也是根本制度，高校中的所有决策都需要围绕此制度进行。构建科学民主的决策制度应注意以下方面：

第一，应该使决策的主体表现得更加多样化和民主化。我国高等教育正处在不断的发展之中，高等教育的管理体系也正在往多元参与方面逐步发展，这与之前的统一领导有明显不同。对于高校的发展，不应该仅仅只是依靠政府部门和高校领导者的管理，高等教育的成功还需要社会全体人员的共同努力。学院的老师、学生以及与高校有关的每个人，都是教育中的利益相关者。这里的每个成员都有着迫切的愿望，都想要参与到决策中来，这也导致高校决策正在朝着多元化和民主化的方向发展，从而促进了高校决策的发展。

第二，在决策中，分级决策和分类决策应一并进行。分层决策和分类决策两者有着各自的优势，因此，在高校管理过程中，两者需要一起进行，这也有助于高校正确处理行政和学术权力之间的关系。高等教育可以分为以下六个政策领域：①总体规划和决策；②

预算和财务；③入学方法和录取机会；④课程安排和考试；⑤不同级别教师的任用；⑥决策的领域。所谓分级决策，是指将高校里面的科研计划、教师组成、课程设置、考试安排等的决策权下放，让基层的学院做出决策。然而，分类决策意味着由校长领导的行政机关仅在学校的发展方向、保证条件等方面做出决定，而学术政策由学术委员会来决定，让行政权力与学术权力两者可以相互限制，在管理中达到权力平衡。

第三，需要完善决策咨询、决策执行和决策监督的运作机制。事先进行决策咨询时，不应基于经验和主观假设，而应与专家充分协商，并应获得师生的建议。在决策和执行过程中，有必要理顺每个决策中的关系，让决策能够落实下去。不仅如此，还应该充分发挥监管部门在决策中的作用，避免决策过程中滥用职权，引入相关的问责制，对应决策失误需要让相关人员负责。

（2）推进校务公开制度的建设。高校校务公开是高校将改革建设发展和管理运行中的相关事务信息以确定的方式和时间在相应范围内公开其内容、程序、结果以求实现公众告知或公众反应的行政行为。高校校务公开是建立现代大学制度、完善高校法人治理的必然要求，是高校发展基层民主、保障高校建设发展的现实要求。校务公开保障了高校师生员工和社会公众的知情权、参与权、表达权和监督权，对于促进高校科学发展意义重大，因此，它已经从高校普通行政行为上升为一种具有强制性的民主制度形式。我国高校校务公开实践虽已开展多年，但是还不能达到常态化、规范化、制度化的要求，工作中也还有一些问题需要探讨，比如怎样处理党务、政务、信息之间的关系，如何掌握公开与保密之间的界限等，因此校务公开制度在很多方面仍需要大力推进。

第一，完善校务公开的领导体制和运行机制。高校校务公开是一项系统工程，要在高校党委统一领导下，实行校、院、系分级负责，各个职能部门分类负责的管理体制，同时要接受纪委监察部门以及职工代表大会的监督检查。在实际运行中应当确定一个部门负责校务公开的具体事务性工作，该部门负责每一个校务公开项目从项目确认、公开通告、监督检查到最后责任追究的全过程管理。

第二，建立校务公开的项目目录。校务公开项目分为决策事务公开、一般事务公开和依申请事务公开，其中决策事务公开、一般事务公开为学校依据规定主动或例行公开的学校事务，依申请事务公开是学校应相关人申请，依据规定被动公开或非例行公开的学校事务。建立校务公开项目目录就是要明确这三类公开项目所须公开的具体内容、形式、范围等，以目录树的形式固定下来，作为校务公开的依据和标准。当然这个目录不是固定不变的，它依据校务公开事项的实际情况不断更新完善。

第三，完善校务公开的工作制度。校务公开工作制度涵盖了校务公开的整个实施过程，包括项目确认制度、项目滚动管理制度、报告通报制度、监督制度和责任追究制度等，以制度的形式将校务公开工作的各个工作环节确定下来。

第四，重视网络信息技术的应用。随着网络信息技术的发展，互联网、微博、微信等新兴媒体覆盖面广、受众面宽、传播速度快、社会影响力大的特点为校务公开开辟了一个全新的传播领域。但是网络是把双刃剑，校务公开在充分利用这个便捷、透明的网络平台的同时也要时刻警惕和防范网络中不良言论、谣言散播等现象迷惑学生、影响高校稳定、破坏高校发展成果。

（3）建立有效可行的沟通机制。沟通是人们交流想法、表达观念的手段，而管理则是为了达到某个目标而对资源进行分配的手段。为了使资源能够按照既定的目的进行配置，必须借助"沟通"这一媒介。可以说，沟通是贯穿管理活动始终的。因此，也就毫不奇怪，为什么管理者往往将沟通视为管理学中的核心课题了。沟通能够使得被管理对象了解自己应当在集体中扮演的角色，可以增强管理的效率和效果。有研究表明，在同样的资源总量下，良好的上下级沟通能够大大提升资源的利用率，从而提高管理目标实现的可能性。高校作为一个特殊的管理机构，在其行政机制运行过程中，当然也少不了沟通的存在。一般而言，良好的沟通机制应当具备以下特征：

第一，管理者拥有良好的沟通欲望与方法。作为管理者，其个人作风对整个团队的行为具有决定性影响。因此，在领导层面建立沟通文化是必要的。

第二，将沟通作为管理制度进行打造。诚然，主观的沟通同样能够发挥重要作用，但个人特征永远也不能取代制度的作用，因此，必须建立行之有效的沟通机制。

第三，讲求沟通的艺术。管理是一个充满人情味的工作，沟通也不例外。沟通不是简单的上行下达，不是机械的"充分理解"，而应当是消除管理信息通讯障碍的手段，因此，沟通应当是互动的，需要本着相互理解的态度进行。

（4）构建合理的服务评价制度。与沟通不同，评价是判断管理效果的一个手段。管理者可以通过被管理者及服务对象的评价来获知自身一段时期内管理效果的好坏。好的评价制度应当具备以下标准：

第一，建立行之有效的服务评价机制。管理部门应当将被管理者的各项工作予以量化，以便被服务者能够根据自身的被服务感受对服务提供者的工作进行数值化评价。同时，管理部门要及时对评价内容予以反馈，充分发挥评价制度的价值。

第二，高校特殊评价体系。具体而言，就是以师生为评价主体。在高校环境中，师生既是被管理的对象，又是被服务的对象，因此，建立以师生为主体的评价制度，使校园话语权向下转移，这对建立新型校园管理体系非常有必要。

第三，建立完善的评价反馈制度。评价要落在实处，就必须对评价内容进行追溯回访，并适当利用追责机制，确保评价中反应的问题能够得到及时解决。追责要按照首要负责人制度推行，避免执行过程中出现扯皮现象。此外，追责时限也必须有明文规定，以防懒作为、不作为现象出现。

（5）完善科学的人才管理制度。对高校而言，人才资源不仅包括教师、科研人员，还包括行政管理工作人员。随着我国高等教育事业的发展，高校规模不断扩大，学生数量激增，高校与社会之间的交流日益频繁，内部与外部环境的变化给高校的行政管理工作带来了前所未有的挑战。与之对应的是，高校管理工作的薄弱和管理人才的匮乏已经严重影响了高校学生培养、科学研究和服务工作，制约着我国高校建设高水平大学的发展愿望的实现，高校管理工作人员与高校事业整体发展不相适应，一切服务都是空谈，因此必须大力加强管理人才建设工作。

第一，严格管理人员聘任制度，提高管理人员素质。从实际情况来看，一方面由于历史原因，过去国内高级人才整体匮乏，高校行政管理工作人员的知识水平同高校教师群体相比明显较低，行政管理能力与服务水平先天不足；另一方面也是高校在聘任管理人员时要求不严，不仅容易滋生人事腐败，也容易造成管理工作进展迟缓。要提高管理人员素质，先要从管理人员聘任着手，严把管理岗位入职关口，实行管理人员资格准入制度。

职业资格准入制度是在职业专业化过程中出现的，"要求从业人员经过严格系统的教育和培训，获得能胜任工作的特殊知识和技能，获取职业资格证书以获得从业资格的一种职业管理制度"[1]。职业资格准入制度已经成为许多国家对多个行业从业人员规定的基本制度。高校实行管理人员资格准入制度涉及许多国家层面的法律法规问题，但就高校自身而言，要做好以下工作：

首先，健全高校人事制度。科学设岗、合理设岗，让人尽其才、

---

〔1〕 杨海燕："中小学校长资格制度的中外比较及对我国的启示"，载《教育理论与实践》2006年第3期。

物尽其用。同时，应设立明确的准入资格标准，让每一级别都有明确的职能范围，避免职权的交叉。

其次，建立全新的资格认定制度，设立全国统一的考试标准，规范高校工作人员的能力、素质水平。

最后，让聘用流程透明化。高校作为社会智力培育的中心，必须给社会树立一个良好的带头作用，因此，设立透明化的聘用流程，对于消除社会对高校工作的不信任感，提升社会对高校工作的信任感极为重要。

第二，建设高校管理人员二次教育体系。当今社会经济与科技发展日新月异，管理高校的难度也不可同日而语。因此，高校管理者必须跟上时代的步伐。而跟上时代步伐的最大倚仗，就是不断学习，不断汲取新知识。要实现不断学习的目标，必须做到以下几点：

首先，做到理论结合实际。高校管理者既要重视管理学、心理学等管理过程中需要用到的理论知识教育，又要接受实践知识的教育，做到理论结合实践。

其次，定期培训与不定期培训相结合。定期培训最大的好处是能够使管理者持续地接收系统的知识训练，而不定期的训练则能够确保管理者及时获取针对特殊情况与新情况相关的知识。

最后，学习与自我学习相结合。一方面，强制性的学习是必要的，因为我们不能将希望只寄托于个人自制力。另一方面，培育管理者的自我学习意识也是必不可少的，因为只有管理者自己最清楚自身的管理工作需要，才能最有针对性地根据需要制定学习计划。

第三，建立健全岗位晋升制度。在我国传统的考核体系下，年终考核模式扮演了决定性角色。这种"一锤子"式的考核模式很难反映一个管理者一年以来的完整表现，更不必说以此来决定一个管理者或被管理者的成败。现实情况是，年终考核往往只能体现年终最后一段时期内的冲刺表现。为了获得年终考核的良好表现，管理者常常难以做到从长期管理目标出发解决问题，因此，要改变这一现象，必须从改革考核模式入手。

另外，制度是现代高校得以持续运转的基石，也是决定高校能否真正承担起社会职能的关键。建设好高校制度，维护好高校制度，某种程度上就是为培养学生的规则意识、表达意识、监督意识提供样本，是从根基上改变中国现有制度顽疾的有力保障。

二、新时期高校财务管理理论解读

（一）新时期高校财务管理的认知

财务是资金流动及其所体现的经济关系，是单位财务活动和财务关系的统一。所谓财务活动是指资金的筹集、使用、回收及分配等一系列行为。对高校而言，要发展教育事业，必须从各种渠道筹措资金，这是事业的物质保证，对已筹措的资金必须按照国家的方针政策和财务制度的规定，正确、合理、有效地使用，力求以最少的资金耗费和劳动占用取得最大的社会经济效益。因此，正确认识资金运动规律，加强财务管理，对于改善高校管理，优化教育资源配置，提高办学效率有着十分重要的意义。财务管理是对高校资金的筹措、使用、回收以及由此而发生的各种经济关系的管理，是高校管理的重要组成部分。它是基于高校发展教育事业过程中客观存在的财务活动与财务关系而产生的，是利用价值形式对高校各项业务活动进行的综合性管理。在高校整个经济工作中，必须确立以财务管理工作为中心的观念。因为高校财务管理可以带动和影响学校其他专业管理，高校财务管理的状况如何，将直接影响我国高校的办学质量和办学水平。因此，正确认识资金运动规律，加强财务管理，对于改善高校管理，优化教育资源配置，提高办学效益有着重要的意义。

1. 高校财务管理的目标。财务管理目标又称理财目标，是指高校通过组织财务活动处理财务关系等工作所要达到的目标，它决定着高校财务管理的基本方向。高校财务管理目标具有综合性的特点，高校进行财务管理不仅是为了提高办学经济效益，而且更重要的是通过财务管理工作，进一步优化资源配置、调整经费支出结构，达到办学的经济效益和社会效益的同步提高。因此，高校财务管理目标可概括为：建立与社会主义市场经济发展要求相适应，与高校管理体制改革相协调，统一领导，以校财务部门为核心，以综合财务收支计划管理为基础，以优化资源配置、调整经费支出结构、提高办学效益为目标，宏观调控适度，微观管理灵活，纵横协调有序的集权和分权相结合的财务管理模式。其具体目标包括以下方面：

（1）完善高校财务管理体制。财务管理体制是科学、有效地实施财务管理运行机制的一种有组织的系统管理形式，是做好各项财务管理工作的组织保证。其内容包括：其一，进一步完善财务管理体制中的领导体制，高校财务工作实行校（院）长负责制，同时规模较大的学校，应设置总会计师，协助校（院）长全面领导学校的财务工作；其二，按照社会主义市场经济的要求，应建立有效的自我约束监督保障机制。

（2）完善高校筹资机制。完善以国家财政拨款为主，多渠道增加学校投入的新机制，建立较为稳定的筹资渠道和自我发展的资金保障体系，增强学校自身的"造血"功能。

（3）完善高校用财机制。适应社会主义市场经济的需要，转变生财、聚财、用财、理财的观念，采取激励与制约相结合的措施，建立生财与用财一体化的投入循环使用经费的用财机制。

2. 高校财务管理的任务。

（1）依法多渠道筹集办学资金，合理编制学校预算，强化预算执行的严肃性和管理力度；优化资源配置，提高资金使用效益，加强资产管理，防止资产流失；建立健全规章制度，规范学校经济秩序；如实地反映和监督学校的财务状况和经济活动情况。高校经费来源渠道可简要概括为："财、税、费、产、社、基、科、贷、息"

九个字。财务管理工作的一个重要任务就是积极拓宽筹资渠道，依法筹措尽可能多的办学经费，进一步完善以国家财政拨款为主，多渠道筹措经费的投入机制。

（2）合理编制预算，严格执行和控制预算。高校预算是根据学校事业发展计划编制的年度财务收支计划。预算的编制一定要贯彻"量入为出，收支平衡"的原则，不得编制赤字预算。同时，执行预算既是稳定国家预算的基础，又是学校改革、发展和稳定的财政保证，因此，必须严格执行和控制预算，强化预算管理的权威性和严肃性。

（3）科学配置教育资源，努力节约支出，提高资金使用效益。优化教育资源配置，促使人尽其才、物尽其用，提高资源使用效益是现代管理科学中的基本要求。勤俭办学是我国高校财务管理中历来坚持的工作方针。因此，充分挖掘潜力，统筹兼顾，分清轻重缓急，按照突出重点、保证一般的原则，科学配置教育资源，努力节约支出，提高资金使用效益是高校财务管理工作中所应完成的重要任务。

（4）加强资产管理，防止国有资产流失和损失。资产管理是高校财务管理的重要内容。因此，必须加强管理，维护国有资产及其权益不受侵害，防止资产流失和损失。高校应根据各自不同的情况，搞好清产核资工作，摸清和掌握学校资产家底，正确划分经营性和非经营性资产界限，确保国有资产保值增值，并努力提高学校现有资产利用率。

（5）建立健全财务制度，规范校内经济秩序。高校是面向社会自主办学的法人实体，规范校内经济秩序和财务行为，是高校财务管理的重要任务。财务规章制度是高校从事财务管理工作的基本依据和行为规范。因此，高校必须按照国家有关规定，结合学校实际情况，及时制定并严格执行各项规章制度，以此理顺校内各种财务关系，规范各级各类单位的财务行为，确保学校理财目标的实现。

（6）如实反映学校财务状况，对学校经济活动的合法性、合理性进行监督。高校是独立开展经济活动、完全承担经济责任的法人实体，必须严格执行财务制度，加强财务管理，科学地组织会计核算工作，这是确保会计信息真实性的前提，也是高校财会工作的基本要求。同时，高校财会工作必须正确处理好财务工作中合法性与合理性、监督与服务、管理与改革的关系，加强会计检查，强化财务监督，维护财经纪律的严肃性，保证学校各项经济活动的合法性、合理性和有效性，促进高校建立自我发展、自我约束的运行机制。

3. 高校财务管理的基本内容。高校财务管理的内容，若按照管理对象划分，主要包括资金筹集、资产管理、收支管理、结余及分配管理、负债管理以及净资产管理。按管理的工作顺序划分，高校财务管理主要包括筹集资金、安排资金使用计划、控制和反映资金耗费、评价和考核资金使用效益。高校财务管理的首要工作是建立和完善多渠道筹资机制。这就要求高校财务工作要主动适应社会主义市场经济发展的需要，积极拓宽开展社会服务、科技成果转化、校办产业和人才培养等创收的新路子，促使社会资源向学校流动，完善以国家财政拨款为主，多渠道增加学校收入的新机制，依法建立较为稳定的筹资渠道和自我发展的资金保障体系，增加学校自身的"造血"功能。

为了有效地使用资金，必须对资金的使用作出合理的安排。这就要求高校财务部门必须从学校整体出发，按照多元化筹资、一体化管理的原则，实行综合财务收支计划管理。在安排资金使用时，要妥善处理好"稳定与发展""规模与结构""内涵与外延"的辩证关系。通过编制科学的财务计划，把完成学校总体目标的财务活动、资金收支，落实到各级各单位和各个方面，建立起责、权、利、效相结合的内控机制，从而促进学校总体目标的完成，保证各项事业持续、稳定、协调地发展。

高校开展教学、科研和服务社会等活动的过程，也就是人、财、物的消耗过程。为了减少资金耗费，提高办学效益，高校必须强化大财务的意识,对其货币资金、实物资金和无形资产等所有形态的资金运行进行事前预测、事中控制、事后分析反馈等全过程、全方位的管理。在市场经济条件下,高校的经济活动异常复杂,这就要求高校必须建立各项财务管理制度,硬化约束措施,把校内各单位发生的经济活动都纳入学校综合财务管理系统,使全校所有的资金收付、实物收付、计划制订和执行都处在有效的财务管理和约束监督之下,做到以健全的法规政策、规章制度规范高校经济活动,确保高校各项事业协调、稳定、有序地发展。

高校的资金使用效益,具体讲,就是在教学、科研活动中所消耗的人力、物力、财力以及所占用的资产与所取得的教学、科研成果之间的比例关系。当然,与物质生产部门相比,高校应把教学、科研的社会效益放在首位,其资金使用效益不可能完全用价值指标来表现。为此,评价和考核高校资金使用效益,必须建立一套融经济和社会效益为一体的指标体系。

4. 高校财务管理的对象。高校财务管理的对象就是学校在开展教学科研和社会服务活动中所体现的经济关系以及发生的资金运动。

(1) 高校财务管理的关系。高校资金筹集、投入运用和回收构成其资金运动的显著特点。在其资金运动过程中,还要发生以下方面的关系:

目前,高校教育经费的主要渠道仍是国家财政拨款。因此,学校财务部门要根据不同层次的在校学生数,按照主管部门核定的综合定额编制和申报经费预算,经主管部门审定后划拨经费,从而就产生了学校与国家的经费划拨关系。

高校在资金运动过程中,根据事业发展的需要,要购置教学、科研、行政管理等仪器设备以及图书资料,购入教学实验材料以及必要的行政管理、后勤服务等维修材料物资,同时,还要开展学术交流、校际协作和科技实验推广等工作,这就不可避免地要与其他企事业单位发生经济往来关系,这种关系是经常且大量地发生的。

此外，学校在完成教学科研任务的同时，还要开展科技咨询，高新技术推广，接受委托培养、培训等社会有偿服务活动，因而也会发生学校与这些部门、单位之间的经济关系。这些经济关系必然引起资金收付等结算业务的发生，学校一方面按照物价部门规定的收费标准和市场交换原则依法取得各项收入，如属于应税收入，还应按税法规定依法向税务机关完税；另一方面还要按照诚实守信、等价交换和钱货两清的原则履行合同协议，及时地向有关单位结清货款、工程款等。

随着教育体制改革的不断深化，高校内部出现了一些新的经济关系。例如，校办企业和公司要进行独立核算、自负盈亏，这些单位在开展经营活动的过程中，经常与学校财务部门发生资金借贷关系，同时所获得的利润也要按规定比例上缴学校，形成学校可直接支配的财力，抵补学校事业经费；学校后勤服务单位在实行社会化管理模式后，在运行机制上实行企业化管理，逐步变"福利型"服务为有偿服务、经营服务和管理服务，学校与后勤服务单位的经济关系由过去的计划调拨、无偿供应关系变为市场买卖、等价交换关系，后勤单位取得的利润除用于自身发展，还要按规定上缴学校，用于学校事业发展；各院（系）开展有偿服务的收入也应加以合理分配，一部分作为补偿服务过程中的劳动耗费；另一部分上缴学校。所有以上这些经济关系，形成了学校与内部单位的经济关系。

学校对教职工的劳动消耗，要按国家政策付给一定的劳动报酬、津贴和福利补助，另外还要根据教职工付出劳动的质和量，发放一定数额的奖金。通过上述劳动报酬和奖金的支付就形成了学校与职工之间的奖金发放关系。另外，学校在办学过程中，还要按照国家有关规定向学生收取一定数额的学费、住宿费等，同时学校还要按规定为学生发放助学金、奖学金、贷学金和困难补助等。学校与学生之间的经济关系体现了高等教育的有偿性和国家对学生的激励和资助的关系。

（2）高校财务管理的资金运动。高校资金运动表现为资金筹集、运用和回收。高校按特定渠道筹集的资金是进行教学科研等活动的前提，又是高校资金运动的起点。随着社会主义市场经济体制的建立和高教管理体制改革的深入，高校已逐步建立起以财政拨款为主、多渠道筹措经费的新的筹资体制，即在坚持财政拨款主渠道的同时，改变国家包办高等教育的观念，开辟高校经费的新财源，形成财、税、费、产、社、基、科、贷、息等多元化的经费来源的新格局。

高校在办学过程中运用所筹措的资金按照事业发展进度和需要购置教学、科研设备、图书资料和行政设备以及必要的材料物资。同时在教学、科研过程中，还要发生各项支出，例如支付教职工工资、学生奖助学金等人员费用，以及业务费、公务费和修缮费等公用经费，上述资金的投放、占用和耗费即形成高校资金的运用。

随着高校新的办学模式的建立，学校某些教学环节，特别是实践性教学环节已由过去的只体现社会效益的纯投入消耗性工作发展为既能获得社会效益又能获得经济效益的投入产出性工作，形成了教学、科研、生产三结合的办学模式，投入的教学、科研经费，在获得社会效益的同时，随着生产经营成果和科技成果的有偿转让还可获得一定的经济效益，使投入的资金得到一定程度上的补偿，形成了投入回收循环使用教学经费的运行机制。

5. 高校财务管理的环境。高校财务管理环境是对高校财务活动和财务管理产生影响作用的高校内外的各种条件和要素。具体包括以下方面：

（1）经济体制环境。经济体制是一国的基本经济制度。我国现阶段实行的是市场经济体制，这就要求高校在国家的宏观调控和指导下，面向社会从事一切财务活动，在国家宏观调控和指导下自主办学，相应地努力拓宽筹资渠道，优化资金支出结构，追求最大的办学效益。

（2）高等教育体制环境。在政府与高校的关系上，将逐渐淡化政府对高校办学过程中内部事务的直接干预，由过程管理转化为目标管理，同时，将逐步建立和完善宏观管理的方法和手段，广泛通过立法、拨款、科学指导、评估和信息服务等途径对高校实施间接管理，以保证高等教育质量。在这种情况下，高校财务管理应直接面向社会和市场，充分发挥自身的理财自主权和主动性，积极争取政府和社会的教育资源，优化资源配置和资金支出结构，为高校在日益多变的环境中坚持正确的办学方向、争取较好的办学效益提供强有力的资金保证。

（3）高校内部管理体制环境。高校财务管理工作不仅要适应不断变化的理财环境，更重要的是要不断优化内部理财环境。影响高校内部理财环境的因素主要包括财务管理体制、领导者的素质、管理工作水平和各项规章制度的遵守情况等。因此，做好优化工作，仅靠财务部门的努力是不够的，必须全校上下一致、密切配合、齐抓共管，以促进整个学校管理水平的提高作为优化内部理财环境的组织保证，建立与落实各级经济责任制度，理顺校级财务与各二级财务的关系；以建立与完善高校内部管理机制作为优化内部理财环境的工作重点，使学校各职能部门之间既相互协调配合又相互制约，从而建立起责任更加明确、权力受到监督、利益趋向制衡的高校内部管理机制；以建立和健全各项财务制度为后盾，作为优化内部理财环境的制度保证。

（二）新时期高校财务管理的前瞻性及策略

高校财务管理作为对高校资金的筹措、使用、回收以及由此而发生的各种经济关系的管理，是高校管理的重要组成部分，它是基于高校发展教育事业过程中客观存在的财务活动与财务关系而产生的，是利用价值形式对高校各项业务活动进行的综合性管理。因此，面临知识经济时代的挑战和国际国内新的形势，有必要对财务管理未来所面临的环境变迁、财务管理新观念的树立、财务管理具体业务的完善、财务管理的模式选择及量化指标的设立、财务管理工作的电算化、网络化等问题，进行前瞻性的研究，以建立起能够主动适应知识经济时代变化和现代化建设需要的高等教育体制，高校财务管理工作才能步入健康的发展道路。

1. 高校财务管理模式。高校的财务管理工作是一个系统工程，它既有内部的也有外部的，既有政策体系上的，也有管理操作上的。完善高校财务管理工作要从宏观结构上和微观管理上系统考虑，因此，必须建立适应高校财务管理现状的财务管理模式。

（1）实行新型财务管理目标模式的前提条件。确立高校独立法人地位是实行新型财务管理目标模式的前提条件。原有管理体制下，高校是我国政府的附属机构，没有充分的自主办学权，不具备完全意义上的法人资格。按市场经济发展要求，各要素市场的形成，要求高校应具备面向社会自主办学的法人资格。《中华人民共和国教育法》第32条第12款规定："学校及其他教育机构具备法人条件的，自批准设立或者登记注册之日起取得法人资格。学校及其他教育机构在民事活动中依法享有民事权利，承担民事责任。"这是高校成为独立法人的最权威的法律依据，应在实践中坚决贯彻执行。

（2）实现新的财务管理模式的基础。在高校财务管理中实行总会计师制度，是实现新的财务管理目标模式的基础。在市场经济条件下，高校财务管理中无论是预算的编制，还是筹资活动、支出结构及对外投资活动等，均变得愈来愈复杂，其专业性也愈来愈强。因此，总会计师必须由受过专业训练的、既有理论素质又具备丰富实务经验的专家来担当。然而，由于历史的原因或校长个人的偏好，目前许多高校的财务处长或总会计师，虽有丰富的行政管理经验，却缺乏系统的业务知识和实务的训练。这种外行领导管内行的现状，显然很难满足市场经济发展对高校财务管理提出的挑战。应按《总会计师条例》及《高等院校贯彻〈总会计师条例〉的实施意见》的总体要求，在高校设立总会计师制度，并选拔有丰富的专业知识及实务经验的内行专家担任总会计师，行使总会计师各项职责，充分发挥总会计师在高校财务管理中的权威领导作用。同时，应加快推行会计委派制在高校的实际应用。顺便指出，专家理财已成为越来越多高校的共识。

（3）实现预算管理。

第一，要建立起"大收入"和"大支出"的概念，对资金实行统一管理，编制统一预算。

第二，在预算方法上，可以运用弹性预算、滚动预算等科学的预算方法。

第三，在预算内容上，一方面要保证预算的完整性和严肃性；另一方面，要根据高校自身特点，搞好预算的动态平衡。总而言之，要通过对资金预算的改革，使高校预算管理更加符合形势发展的需要。

（4）构建多元化的筹资渠道。随着高校的发展，其对资金的需求日益扩大，仅靠财政拨款已经无法满足高校对资金的需求，而市场经济的充分发展，又为高校筹资渠道多元化提供了现实的可能。具体而言，在市场经济条件下，高校筹资渠道可分为两大类：固定渠道和弹性渠道。

第一，固定渠道。固定渠道主要有：①财政拨款，它是目前高校资金来源的主要渠道，而从目前的发展趋势来看，尽管从总量上看，其金额会逐年增长，但其占总支出的比重却会逐年降低；②税，即国家通过法律手段征收的教育费附加，随着经济的发展，其数额也会逐步增加；③费，收取的学费；④息，对高校中闲置的资金，根据预算的安排，可投资于风险小又能获得一定收益的银行、债券，投资方式也日趋多样化。

第二，弹性渠道。弹性渠道主要有：①校办产业收入，校办产业收入能充分挖掘高校潜在的人才、科研和地理优势，与市场要素多种形式的结合能够形成现实的生产力，增加收入，例如通过转让科研成果、与公司合作培训员工，或组建高科技公司进行直接投资等，通过这些渠道，学校收入将进一步增加；②募捐和设立基金，利用校庆活动或同学会等形式，向海外华侨、校友、企业募集经费，设立基金或奖学金基金，作为高校教育经费的补充；③科研经费，高校在新的国际国内形势和新的学术背景下，应加快利用其人才、知识、科研优势，申报并承担各种科研课题，以取得相应的科研经费资助；④适度举债，在发展高校资产管理的前提下，在确定盈亏平衡点的基础上，为发展学校重点实验室或扶持科研成果转化为现实生产力，学校可以利用其法人资格向国际或国内商业银行取得优惠贷款，但因需要还本付息，因此举债仍须慎重，以降低风险。

（5）实现支出结构的合理化。

第一，高校的主要任务是通过提高教学质量和科研水平，培养出社会所需要的高级人才。因此，教学和科研将是学校的重点，学校应把培养师资队伍、改善教学科研条件、增加科研经费作为学校发展的重点。高校的教学科研投资（支出）在总投资中应占较大的比重。目前因人员经费和办公经费占总支出的比例过大，影响教学和科研经费的投入。因此，一方面应提高员工的工作效率，加大工作量，如增加周课时量、裁减临时工和严格控制人员编制；另一方面对公用经费的支出也要施加限制，特别是办公经费，将节约下来的经费投入到教学科研中去。

第二，提高资金使用效率，建立科学决策程序。高校因科研的需要，购置了一些高精尖仪器设备，目前因设备利用率较低，无形损耗很高，造成了一定浪费，同时对某些项目因缺乏科学决策程序，给学校财务带来了危机。因此，学校应充分挖掘设备的利用率，如延长其开工率，对暂时闲置的设备可采用租赁方式提高其利用率；对学校的重大项目应建立起立项、项目建议、可行性论证、专家咨询和领导决策等科学决策程序；同时应广开民主渠道，征求职代会的意见，使方案具有科学性和可选择性，降低决策失误的概率；对已经决定的项目，可采用招标投标方式承建，在项目建设过程中，实行项目经理制，以降低成本、提高工程质量，对于处理各方面关系应通过签订合同来实现，按市场经济规律运行。

（6）实现新型高校财务管理模式。新型财务管理模式无论是从领导体制的建立，还是预算的编制；从筹资多元化机制的建立，还是从支出结构调整、资金使用效益的提高等方面，都引入了市场机制。新型财务管理模式已经从报账型向经营决策型转换，使高校财务工作面向市场经济，紧紧围绕高校教学、科研重点进行科学民主决策，充分提高资金使用效率，在促进高校发展过程中发挥其应有的保驾护航的作用。

（7）构建新型高校内部财务制度体系。加大改革力度，尽快建立和实施能主动适应市场经济要求的高校内部财务制度体系。高校内部的财务制度体系建立在充分考虑高校特点的基础上，要充分发挥财务这一经济杠杆的作用，促进学校各项资源的优化配置。制度的建立要充分体现效益原则，要有利于社会效益与经济效益的协调统一。

2. 高校财务管理工作评价指标体系的构建。

（1）评价指标与评价指标体系。将高校财务管理工作中需要研究的对象，作为一个被评价的系统，而被评价系统的特征体现，一般是由若干个因素构成的集合所组成，这些因素就是评价指标。在高校财务管理工作中，体现高校财务管理系统特征的因素主要有：高校财务内外环境建设、高校收入管理状况、高校支出管理状况、高校资产管理状况、高校负债管理状况、高校财务监督状况和高校内部控制状况。这些因素可作为评价指标。同时，评价指标应有投资和筹资状况指标，以反映学校资金运营是否得当，能否为学校带来预期的社会经济效益，也应有预决策评价指标及校办产业效益指标等。另外，既应有横向评价指标，也应有纵向评价指标。

通常表示一个评价系统特征的评价指标不只是总量指标，如高校负债管理评价指标，不仅包括负债数额，还应包括负债种类、性质和其所能带来的潜在经济效益等；对于投资状况等经济评价指标，还要划分为投资总额和人均投资总额及创收数额等。这样就将评价指标从大到小、从粗到细进行了划分，从而构成一套完整的评价指标系统，这种评价指标系统统称为"评价指标体系"。

（2）构建评价指标体系的意义。研究对象和研究目的确定后，确定评价指标和建立评价指标体系是第一位的工作。恰当选择评价指标和科学建立评价指标体系，是保证评价结论合理性和准确性的基本前提。在对一个系统的研究中，评价指标是系统特征的体现，如果评价指标选择不恰当，则研究评价工作就会受到影响，甚至无法进行。因此，恰当地选择高校的各项有关指标，科学地建立评价指标是决定高校内部资源优化配置工作成功与否的关键。要正确选择评价指标，就应进行大量调查研究，集思广益。

（3）建立评价指标体系的原则。建立高校财务管理工作评价指标体系应遵循以下原则：

第一，全面性原则。全面性原则是指评价指标能够比较全面地反映评价对象的教学、科研活动全貌。这里的全面是有一定范围和限度的，仅限于与财务管理、监督活动相关性较强的指标，同时应注意重点与一般相结合。

第二，客观性原则。客观性原则是指对于研究对象的评价应真实、客观。一方面，要求限制和减少背离客观性要求的主观随意性，另一方面，要求确立能够实现客观性要求的考核指标和方法。在高校财务管理工作指标的设计中，应尽可能地以政府或有关职能部门以及相关高校提供的经核准后的数据为标准，以做到评价真实、客观。

第三，公正性原则。公正性原则是指对不同评价对象的相同项目使用的评价标准和方法应相同，这样对于每一个评价对象，评价结论才可以保持公正，因而也具有说服力。如果用不同的标准和方法去评价不同的评价对象，其结果便失去可比性，因而也失去公正性。

（4）构建评价指标与评价指标体系的策略。

第一，广泛收集资料，根据学校的实际情况，进行评价体系轮廓设计。进行高校财务管理工作分析，需要高校及相关统计部门提供的材料和信息。我国高校在评价财务管理工作方面的材料收集和计算尚不全面，统计口径不一致，统一的评价指标体系尚未建立。因此，我们将着力于在运用计算机等现代化管理手段的基础上，汇集和传递高校财务管理需要的各种管理信息，以为具体财务管理状况的研究奠定基础。要建立高校财务管理工作评价指标，而国内的资料比较匮乏，因此，高校建立财务管理工作评价指标时应征求高校主管部门、财务处、科研处和校办产业等各方面的意见，在借鉴世界一流高校经验的基础上，结合高校现有的统计汇总数据，拟定高校财务管理评价指标轮廓：

首先，评价目标。通过对高校财务管理各方面相关效益的评价，对高校财务管理工作效益指标进行评定排序，为高校管理部门制订相应措施提供依据。

其次，评价子系统。评价子系统包括高校财务环境建设、高校资产管理、高校负债管理、高校财务监督、高校收支管理、高校预算管理和高校内部控制等若干子系统。

再次，评价项目。评价项目指评价子系统中用以反映评价子系统特性的内容。

最后，评价指标。评价指标是评价体系的核心，财务管理是高校财务工作的中心，是高校加速发展的基础，为了对高校财务管理状况予以恰当的表征，同时易于纵横对比，本项目采用可量化的指标体系。

第二，采用专家咨询法确定及建立评价指标。①专家的选择。高校财务管理工作评价指标体系表征调查的专家均为长期从事财务管理的专家，其中有高校领导、院级领导、财务处（室）领导以及其他管理部门领导和具体部门业务专家。②专家咨询。评价体系的咨询采用发放调查表的方式。

3. 高校财务管理的环境建设。加强高校财务环境建设。高校财务环境主要包括：高校财务管理体制、高校财经工作的领导体制和多层次的经济责任制度、高校的管理制度环境、高校行政文化环境、高校文化状况、财务管理人员素质、财务管理流程和管理手段的现代化等。加强高校财务环境建设，有助于正确认识各种环境因素的实质、规律及相互间的联系，找出其中的有利与不利因素，正确利用财务环境为财务规律提供条件。加强高校财务规律建设，在正确认识环境的基础上，考虑财务环境向财务规律提出的各种要求和提供的各种条件，注重各种环境因素的影响，制订出切合实际的目标。加强高校财务环境建设，能够弄清各种因素的实质，为财务规律职能的实施提供了重要前提，有助于制订出科学的决策和实施办法，创造出各种适宜的具体形式，促进财务管理活动的顺利开展。高校财务环境建设，以实现财务环境系统的相对最优化，即财务外部环境和财务内部环境的相对最优化为目标。

（1）高校财务管理的外部环境建设。

第一，政治与法制环境建设的目标，即扩大社会主义民主，健全社会主义法制作为政治与法制环境建设的目标，以增强国家和高校的活力，保持和发挥社会主义制度的特点和优势。

第二，经济环境的目标，即建设中国特色社会主义市场经济。应坚持和完善社会主义公有制为主体、多种所有制经济共同发展的基本经济制度；坚持和完善社会主义市场经济体制，使市场在国家宏观调控下对资源配置起基础性作用；坚持和完善按劳分配为主体、多种分配方式并存；坚持和完善对外开放，积极参与国际经济合作与竞争。

第三，文化建设的目标，即建设中国特色社会主义的文化，发展面向现代化、面向世界、面向未来的，民族的科学的大众的社会主义文化，建设立足中国现实，继承历史优秀文化传统，吸取外国文化有益成果的社会主义精神文明。

（2）高校财务管理的内部环境建设。

第一，确立适合高校自身实际的财务管理体制。

第二，建立完善的以校（院）长负责制为中心的各级各种经济责任制度和在校（院）长领导下，由总会计师协助校（院）长全面领导学校财务工作的财经工作领导体制。

第三，建立统一管理学校各项财务工作的校一级财务机制，即单独设置的财务处（室），统一财务事权，领导学校的财会工作。

第四，建立健全学校内部财务规章制度。学校内部财务规章制度建设要：合法，即符合国家的相关法规；合理，即内部规章制度建设在对相关事务正确认识的基础上，是在总结客观事物内在规律的基础上制订，并能促进教育事业的健康发展；合规，即内部规章制度建设要按典章形成的操作规则进行；协调，即内部规章制度之间要协调，不能相互矛盾。学校内部规章制度包括筹资制度、预决算制度、收支管理制度、基金管理制度和资产管理制度等。

第五，建设优化的内部经济环境。高校内部经济环境建设，除体制因素外，还有筹资环境、预算环境和组织环境等，其中组织环境建设的基本要求是明确学校权力机构、监督机构和执行机构的职权，并相互制约。

第六，建设高度文明的校园文化环境。

第七，建设优良的高校行政文化环境。行政文化，是相对于大众文化，即社会文化而存在的一种亚文化，是社会文化在对行政组织渗透过程中与行政管理相结合的产物，是行政组织群体的心理状态、价值观念、行为方式和管理方法的总和。

4. 高校财务管理的环境建设策略。

第一，应加强高校财务管理理论的研究。建设高校财务环境，是一个艰巨的系统工程，财务管理理论研究工作必须先行，以为财务环境建设提供理论准备。

第二，提高财务管理人员的整体素质。高校财务工作实行校（院）长负责制，加强单位负责人对单位财会工作所应负的法律和经济责任。财务管理人员队伍建设以选配好总会计师、校一二级财务机构负责人为重点。财务管理人员素质包括思想道德、科学文化、心理和身体等方面，财务管理人员素质需要在财务管理的实践中培养，并结合实际情况，根据知识更新和事业发展的需要，有计划地对财务管理人员进行专业知识、技能的培训，执行对财会人员实行继续教育的有关规定，为财务管理人员队伍整体素质的提高提供保障。

第三，财务环境建设应结合岗位责任制进行，根据财务环境因素列出详细条款，作为相关岗位责任制的内容，与各级负责人的业绩考核相结合，把财务环境建设工作纳入学校各级组织的工作日程，从小到大，由内到外，营造学校内部的小环境。

第四，加快财务管理手段的现代化建设，为财务环境建设提供物质保证。随着经济的发展，财务管理更需要现代化管理手段的支撑，包括现代化计算机技术、通信技术和自动化技术等。为适应知识经济时代的需要，应加强高校财务网络的建设，实现网络版的财务管理工作，真正体现财务管理的实时性，在处理年终分配、学生收费等业务方面能够满足学校高速发展对财务信息的需求。

三、新时期高校财务管理信息化创新发展

（一）新时期高校财务管理信息化建设

1. 高校财务管理信息化建设模式。如何将信息化真正融入高校财务管理系统中，使其在财务管理方面发挥较大作用，是高校财务建设环节的重要课题。对于信息化的认识，主要存在两种不正确的

观点：第一种认知是依靠传统方法和手段同样能够完成高校的财务管理工作，不需要增加费用引进信息化系统。这种思维陈旧，不思改变。即使看到对信息不可缺少的需求，也不愿意在信息化建设上进行研究，缺少信息化建设的有效规划，部分人甚至认为高校信息化和财务信息化是没有关联的两个事项，人为割断其中的必然联系。第二种不正确的观点是对信息化建设具有盲目性认识，认为建设相应网站、引进财务系统软件、改善财务管理业务程序，便是实现财务管理信息化，部分过度乐观的人甚至认为财务管理信息化和数字化校园可以相互独立，财务管理信息化建设可以脱离数字化校园建设的大环境。

高校财务管理信息化发展需要相应的模式支撑，下面以校园一卡通为例，对高校财务管理模式现状进行分析。目前，一卡通在高校一般以三种形式存在，对其的管理也存在以下三种不同模式：

（1）投资方管理模式。投资方管理模式指校园一卡通系统由投资方出资搭建，在使用时，一卡通的资产属于投资方，在一卡通过期后，由学校收回所有权，这种模式在初期被高校普遍采用，由专门的投资人或者机构对卡进行管理和维护，可以在一定程度上减轻学校成本，但是数据和资金安全存在风险。

（2）高校财务处项目代管模式。高校财务处项目代管模式指一卡通的制作、维护、信息采集和收发等环节由高校财务处统一处理，一卡通的管理、财务核算等作为高校财务处的一个专门项目集中处理，持卡人的信息处理由校财务处指定专人进行审核、预算和报销。相比投资方管理模式，该模式能够实现对一卡通的实时监管，提高资金的有效利用率，但学校需增加投入成本。

（3）高校财务处委派的独立核算模式。高校财务处委派的独立核算模式是将校园卡系统作为一个独立的会计核算主体，按照金融业会计制度进行核算的管理模式。除高校外，外部银行也有部分账户用一卡通结算，这些账户由高校专门的结算中心统一管理，负责一卡通的资金充值及资金信息的系统维护。由于这些账户属于高校，银行并无独立账户可供支配，因此各种结算只能在高校范围内进行，各相关商家对一卡通的信息查询和其他操作只有在高校内专门的结算中心才能查找和完成。

高校财务处委派的独立核算模式统一对高校内所有一卡通进行规范管理，实现高校对资金的快捷有效管理，流程如图 2 - 1 所示[1]。

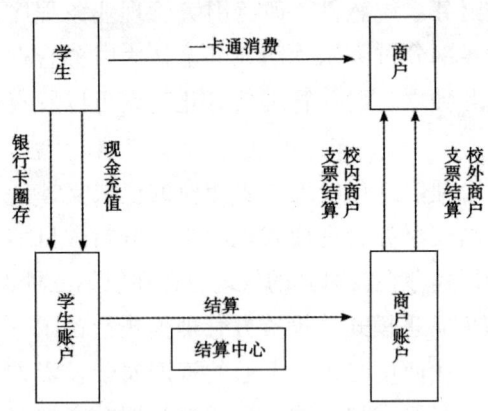

图 2 - 1　校园一卡通工作流程

众多高校的实践证明，该模式是一种相对比较成功的管理模式，能够减少上述两种模式的不足和缺陷。

从图 2 - 1 中可以看出，该一卡通囊括了高校后勤、学校交通、保险和医疗在内的所有项目，随着一卡通功能的不断完善，一卡通将在高校中发挥巨大作用，成为高校财务管理的重要组成环节。如图 2 - 1 所示，可以将校园一卡通的财务管理流程表示为图 2 - 2。

────────────

〔1〕　本节图片均引自王晓明："数字校园视角下高校财务信息化建设研究"，载《山西青年》2019 年第 3 期。

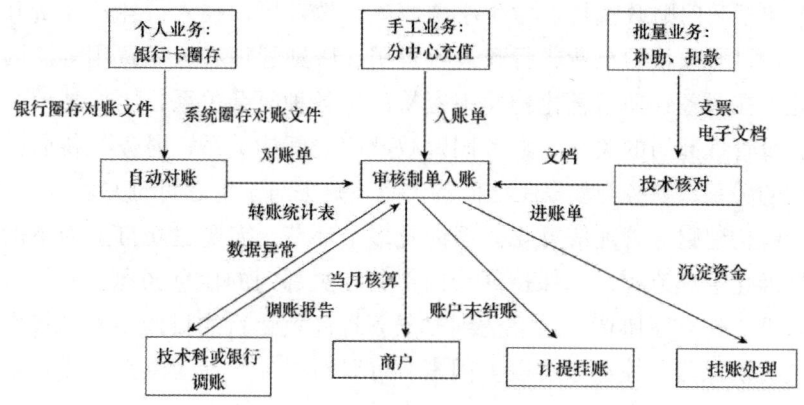

图2-2　校园一卡通财务管理流程

从图2-1和图2-2可以看出，校园一卡通的结算环节是整个财务管理的中心枢纽，该部门实际上充当的是校内银行的职能，这种模式较好地实现了一卡通的各种功能，能够满足一卡通设计的所有需求。

独立核算模式由于功能的复杂性和系统的全面性，能够避免由于一卡通本身的缺陷而导致的财务问题：其一，当学生使用一卡通超过卡里金额后，退卡时财务报表不会显示负数，而是显示卡里金额的绝对值。其二，系统不同报表出具的相同科目数字不一致。如银行转账统计报表和业务统计报表中的银行转账金额由于取数途径不一样，所以数字金额不一致。其三，系统在平账时，以账户金额和卡内余额中的小数为平账基数，但当卡内余额小于账户余额时，需要手工调账。

2. 高校财务管理信息化的架构。

（1）高校财务管理信息化的业务架构。高校财务管理信息系统由高校各种具体业务经过优化重组而成，在构建高校财务管理信息化体系前，需要进行全面调研，定位系统需求，统筹规划、全面部署，制定和高校实际相适应的业务框架。一般情况下，高校财务环节包括政府财政扶持、学生学费收入、教育培训收入、各种经费开支、科研项目的花费、行政运行费用、后勤管理和医疗费用等。因此，在财务管理信息化构建中容易产生各种复杂关系，比如高校和教育管理部门的关系、财务同财政部门之间的关系、财务与科研机构的关系、财务与教职工之间的关系、财务与学生之间的关系等。

构建财务管理信息化体系涉及多个环节，需要建立自上而下的标准化管理流程，以保持高校内部各相关部门的信息畅通，使财务管理工作有序协调，最终达到财务管理高效运行的目的，为高校发展提供保障。综合考虑以上因素，可以对财务管理信息系统进行如下设计，如图 2-3 所示。

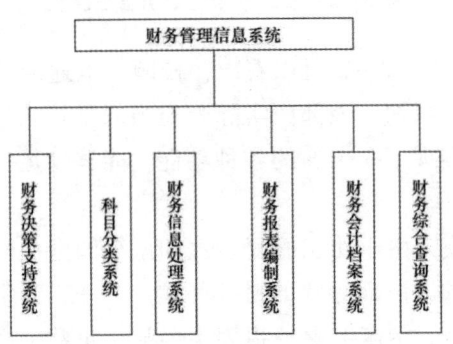

图 2-3　财务管理信息系统业务功能结构

第一，财务决策支持系统。对于数字化校园的建设而言，财务决策支持系统是必要条件，通过信息技术来建设的财务管理信息系统，不仅能够提高财务工作效率，而且能够将功能模块进行外延和内化，从常见的决策系统扩展至财务预算编制、风险机制建立和财务风险评估等功能模块，财务决策支持系统推动了财务管理信息系统的建立，而财务管理信息化建设对此功能模块的优化和更新也起到了积极作用。

第二，财务科目分类系统。此系统指的是各高校根据财务需求、资金使用等实际情况，再结合高校各环节的运行情况，建立财务管理信息化系统的科目分类模块。

第三，财务信息处理系统。财务信息处理系统就是处理各种财务项目的系统，比如会计出纳、资金查询和账目结算等项目，此系统是贯穿于整个会计核算流程的功能模块。

第四，财务报表编制系统。此系统主要针对有关财务的各类报表进行规范管理，这也是其功能体现。常见的财务报表包括负债表、明细表和结算表等，财务报表编制系统是财务管理信息系统的重要组成部分。

第五，财务会计档案系统。会计档案系统是一个极具专业性的会计数据库，具体包括会计收据、会计台账和会计审计等信息材料，其功能是较为全面地反映高校经济运行情况，因而会计档案系统也是高校财务管理信息系统的重要组成部分。利用此功能模块，高校可以清晰地掌握财务资金的使用情况，有助于审计部门的准确研判，此外，此功能模块还能够为高校提供准确的经济信息，并为高校制定发展战略提供参考依据。

对于高校管理而言，会计档案系统起到了信息参考的作用，而会计档案系统的信息化建设将有利于大量数据的存储和管理。因此，基于信息技术的会计档案系统将会更加广泛地应用于有关会计的资料和文档之中，比如项目合同、审计材料等。

第六，财务综合查询系统。此功能模块的构建为高校教职工查询财务信息提供了便利条件，教职工主要查询的财务信息有工资发放情况、各种税收现状以及其他费用的缴纳情况等，综合查询系统体现出了较高的专业性、安全性和便利性，既方便教职工快速查询所需信息，还能有效防止教职工信息的泄露，同时确保系统不会被入侵。此系统功能模块包括多种不同的数据库，如高校收费数据库、工资奖金数据库等，用户在此系统进行信息查询时，仅需要输入关键语句就能够搜索目标信息。

（2）高校财务管理信息化的网络架构。高校财务管理系统一定要具备较高的安全性，其原因在于财务管理系统包含全部教职工的个人信息。为了保障教职工信息不被泄露，高校要创建网络系统，引进安全性较高的防火墙。除此之外，在绘制网络构架图时，高校可以通过万维网技术，为用户提供更加快捷方便的查询服务，即用户查询自己所需信息时不需要下载任何软件就能够达到目的，再加上防火墙技术的应用，进一步确保了用户信息的安全性。因此，信息化的财务管理系统受到了广大用户的关注和支持。

3. 高校财务管理信息化的保障机制。

（1）组织上的保障。高校财务管理信息化系统顺利展开与实施的前提，是校领导的同意和认可，还有组织上的保障，否则，此系统无法得以成功实施，更不可能取得满意效果。在系统建设的初级阶段，高校的管理层、领导层以及其他相关工作人员都应该给予高度重视和大力支持，从而保证系统顺利建设完成，在系统进行运营的过程中，针对出现的问题，高校要及时处理和解决，并制定相应的解决对策，从而保证系统正常运作。

（2）资金上的保障。由于高校财务管理信息系统涉及的信息内容丰富、资源种类繁多，因而需要较长的建设时间，再加上信息技术的应用，往往需要花费较高的成本。在财务管理信息系统展开实施的过程中，随着信息技术的更新与升级，系统运行的资金需求也逐渐加大，因此，高校可以通过资金筹集等方式，为财务管理信息系统的正常运行提供资金支持，以保障信息系统的更新换代。

（3）风险防范意识。从本质属性看，高校财务管理信息化的建设是一项高难度且复杂的技术工程，建设过程中也存在很多影响因素，这表明系统建设存在一定的风险性。针对这种情况，高校要加强风险防范意识，并建立风险防范机制，将风险的发生概率降至最低。此外，高校可以制定问题解决策略，采取相应的措施消除潜在的风险因素。

（4）提高人员素质。财务管理部门作为高校的重要部门之一，对高校的发展具有决定性作用，基于此，高校要重视财务管理的信息化建设，完善财务部门的管理体系以及运行体系，加强优秀人才队伍的建设，激励工作人员积极投入至工作之中，提高他们的业务素质和工作能力，促使工作人员充分展现自身的优势特征。总之，高校要通过教育培训的方式，培养兼具财务理论知识和信息技术能力的复合型人才，从而为高校师生员工和其他部门的工作者提供更加优质高效的服务。

财务管理信息化是高校管理信息体系中不可或缺的重要组成部分，也是高校信息化发展过程中的推动力。在数字化校园建设背景下，高校财务工作人员面临的重要课题是如何改进和完善财务制度、如何合理充分利用财务资源以及如何提升财务管理工作水平等。

（二）高校财务管理信息化创新体系的构建

近些年，我国各高校的发展方向发生了转变，从规模化发展转向了内涵式发展，国家在投入教育资金的同时还加强了监管制度，并制定了一系列财经法规和规章制度，目的是使高校发展更加规范化，解决管理方面出现的问题，从而有利于高校教育的内涵式发展。

随着财经法规的更新以及规章制度的改进，高校各利益主体的意识观念也随之改变，从而导致财经法规的普遍特性与具体执行发生了冲突，使得高校财务管理危机更加严重。此外，教育资源作为高校发展的基本条件，一定要得到合理且充分利用，切不可过于透支和滥用，否则高校所具备的资源优势将会逐渐减弱。信贷优势也同样如此，因利益而产生的矛盾和压力对高校财务环境发展产生了消极影响，并加剧了高校财务管理危机的严峻性，在社会信息化发展的时代下，思考和探讨高校财务管理思路和战略显得尤为重要。目前，如何开展和实施财务服务工作，以及如何提高财务服务质量，是高校在未来发展过程中内部财务发展战略的核心思路。

1. 高校财务服务的内容与特性。

（1）高校财务服务的基本内容。财务服务是指财务部门遵循国家统一的财务法规、财务制度，按照严格的财务规则，通过具体业务处理，确保各相关财务主体合法权益的实现，并提供相应的财务信息。财务服务过程是一定财务利益主体意图的执行过程，依赖相应的财务组织机构和内设的岗位及职责，在岗位职责履行中实现财务利益主体的利益获得和利益保护。

高校财务服务指高校财务部门基于单位发展计划和经济状况，根据财务管理要求，对预算内、外资金的筹措、计划、组织、使用、监督和调节，通过收、支会计核算以增收节支，为学校各部门开展业务活动提供资金支持，同时加强财务预算管理，促进高校教学、科研等工作的顺利开展。

（2）高校财务服务的主要特性。

第一，财务服务对象的复杂性。财务服务对象指的是参与财务活动的主体。对外，指政府社会个体以及其他组织机构等，这些主体是高校资金的投资者。高校财务通过对资金的科学管理及合理使用，既促进了高校各方面的发展，如丰富了教学条件、提升了教学水平等，又完成和实现了投资者所期望的任务及目标，从而将财务服务的功能充分发挥了出来。对内，指对高校各部门工作人员和师生员工。高校财务管理部门通过提供资金预算、资金管理、专业咨询、资金分配和财务信息等方面的服务，有助于高校领导快速做出合理精准的财务决策，保证师生教学科研活动顺利展开。

第二，财务服务质量的时效性。财务部门的基本业务分为业务咨询、业务办理和业务报销等常规服务，这些常规性的财务服务具有显著的临时性和反复性特征。财务部门的工作人员基本上每天都要接待前来办理财务业务的师生员工和外来公司人员。对于相同的财务问题，财务工作人员可能要为不同的服务对象进行反复解答，或者是同一个服务对象会多次向服务主体提出相同问题，这两种情况都需要财务工作人员反复解释答复。虽然这种服务时效性效果非常明显，但也会随着时间推移而逐渐淡化。

第三，财务服务内容的多元化。财务部门实际上是高校发展的保障部门。高校资金所涉及的利益主体间存在着非常复杂的关系，每个利益主体对财务的需求各不相同，财务服务内容也越来越多样化。早期的财务服务功能是记账、算账和报账，然而，随着社会信息化发展，高校发展也趋于信息化，以至于高校对财务部门的要求逐渐提高，财务管理信息化才能满足高校发展需求。现如今，各高校的战略发展和管理决策主要取决于财务部门所提供的信息，包括资金信息和债务信息，通过财务数据制定教育事业的发展决策。高校各专业学院和其他二级单位主要需求的财务服务是有关财务报销、资金预算以及对外协作等方面的咨询和指导，而作为教职工，他们更多需要的是工资、奖金、津贴以及各种福利的发放服务，对于学生来说，学费缴纳、助学贷款和贫困资助等方面是他们重点关注的服务。

第四，财务服务手段的依赖性。财务工作是一项充满技术挑战且要求高专业性的服务活动。财务服务质量除了与工作人员的工作态度、业务素质和情绪状态相关之外，还与服务所依托的手段是否先进有关。在早期高校财务活动中，工作人员都是通过手工记账与核算的方式来完成教职工工资发放和学生收费等任务；然而，随着信息技术的快速发展以及广泛应用，高校财务管理信息化水平也逐渐提升，财务管理部门的工作变得更加高效、快捷和方便。高校应用信息技术构建财务信息数据库，通过校园网络平台与相关职能部门的工作人员建立联系，开展一系列财务收支活动，这都能够提高财务服务效率和质量。现阶段，各高校将财务管理结构和网络信息平台充分进行结合，构建完整的财务管理信息服务体系和决策支持体系，为用户提供更优质的服务，例如，网上预约报账、无等候报账和无现金支付等，但需要注意的是，服务手段的更新和优化是工作人员呈现高质量服务的前提条件。

第五，财务服务质量的差异性。财务服务质量与相关工作人员的态度、能力和情绪等因素密切相关，对于相同的财务工作，每个工作人员所体现出的服务质量各不相同。在高校财务服务过程中，由于各财务工作人员的道德水平、工作效率以及业务素质有所差异，因此，他们为师生员工提供的服务质量也会体现出明显不同。此外，服务对象对财务工作人员所提供业务指导的接受程度、认可程度和满意程度等也是影响服务质量的差异所在。

第六，财务服务的规范性与原则性。财务部门是为资金所涉及的利益主体服务的，国家针对财务服务制定了相关的财经法规和规章制度，这对财务服务过程起到了规范的作用。财务服务所依托的环境要与高校、社会发展环境相适应、相融合，也就是说，财务服务要满足高校教育的发展需求，还要符合国家制定的相关规定，只有这样，才能顺利开展与实施财务服务工作。若财务服务环境发展还不够成熟和完善，则财务管理部门要将财经法规和规章制度的宣传以及执行贯穿于整个财务活动之中，不仅要加强服务主体的服务规范意识，而且要增强服务客体的财务规范意识，从而保障财务服务工作正常运行。

2. 提升高校财务服务的意义。

（1）重新定位高校财务职能。高校财务具有财务服务和财务监督两大职能。财务部门是财经法规贯彻和实施的主体，其对经费的预算分配和使用必须严格按照有关程序进行，对不符合规范的则要坚决予以禁止。从宏观的角度上看，财务的核心在于监督，但是从微观的角度上看，财务主要体现在财务服务上，财务服务的保障职能更多的在财务部门的其他方面有所体现。对于高校而言，财务监督职能的提升与延伸集中体现在财务服务方面，其财务管理的基本目标是高效。

目前，高校财务工作呈多元化发展，很多高校将财务的服务作用放在首位，引入国内外倡导的"服务质量至上"观念，牢固树立服务宗旨，特别是在近些年高校面临种种经济活动中的财务关系的背景下，这就要求财务服务的职能必须明确，财务部门和工作人员要积极主动地探索财务作用的发展之路，思考财务工作应如何发挥服务职能、发挥到何种程度，从而促进财务更好地发挥出财务管理、决策和咨询等其他方面的作用。

（2）强化财务人员职业服务意识。在日常工作和管理中，财务人员通常仅从岗位职责的要求出发开展财务工作，但更应当从职业道德的约束出发注意自身的工作态度，无论是因为职责的要求还是人情的因素，都必须做到态度端正、服务周到。这样做当然是对的，但是这种意识还只是停留在表面上，没有深入，比较被动，还没能够认识到财务这个职业对从业人员服务意识的高要求。因此，要推进财务工作的开展，首要任务就是强化财务人员的服务意识，促使财务人员对所有办理业务的人员一视同仁，不能厚此薄彼，做到耐心、细致、清晰、全面地提供咨询服务。此外，通过强化意识，财务人员可以发现自身工作和师生需求之间的差距，从而更加努力地进行业务学习，不断提升自身的服务能力，提高整个财务团队的业务水平与综合素质。

（3）财务制度的标准。财务的制度性要求较高，一切事务都必须按照规定的标准进行。财务制度具有系统、全面、深入的特点，它不仅严格约束着财务工作，而且对一切经济活动都具有深远的影响。一般情况下，只有在特定的历史环境中，财务制度才可能有所调整。因此，财务制度的实施和改变需要利益主体主动适应制度的刚性要求，人们需要一定的过渡期来逐渐认识、了解、接受和认可这种制度的到来将会触及他们利益的现实。

高校经费结构呈多元化特征，因此就形成了对财务需求不尽相同的各种利益主体，但是这些需求都会受到财务制度的制约。高校财务一方面是执行财经政策的主体；另一方面又是宣传和解读财经政策的主体，财务可以通过财务服务来缓和落实财经政策过程中出现的制度性矛盾，加强沟通，缓解压力，从而在贯彻制度和规范行为的同时，进一步提升管理质量，保障学校师资稳定和教学科研水平的持续增长。

（4）增进财务服务沟通。财务工作要加强与服务对象之间的交流，使服务对象认识到财务服务是从规范与科学的角度出发，切实为他们考虑经费的使用问题，能够帮助他们在法律法规允许的范围内更加有效益地使用经费。

要做好财务工作需要从两个方面进行考虑。首先，财务部门要主动进行服务，积极宣讲各类财经政策，并真正落实到单位、学院和师生个人，使他们充分意识到与财经相关的各类政策、规章制度都是由国家制定的，是必须要遵守的，是有法可依、有法必依、违法必究的，由此来树立师生的财经纪律意识。其次，要提高各单位及师生对财务部门的正确认识。财务部门不是政策的主宰者，财务部门的职责是执行财经政策，使经费的使用更加规范，这些认识能够大大缓解财务部门的工作压力，减少与其他部门的矛盾冲突，提升财务部门的被信任度，从而建立和谐的财务关系。

（5）降低财务风险。目前，高校的财务环境呈现多元化利益交织的现状，情况比较复杂，以至于财务部门所要应对的风险不断加大。财务风险包括资金效益风险和利益风险。举例来说，如果财务人员的专业水平不够，就会存在政策的执行和监管方面出现偏差的风险，还有可能出现与其他相关利益者之间的利益纠纷和诉讼等风险。因此，财务服务要贯穿于各项经济活动中，努力做好财务风险的协调，坚持以服务为先导，通过财务服务降低财务管理风险，改善理财环境，协调各级利益关系，从而保证财务管理工作健康有序地开展。

3. 高校提升财务服务的策略。

（1）营造良好的服务环境。

第一，统一思想认识，树立服务意识。财务工作要以服务为先导，其目的在于更好地发挥出财务职能中的决策、咨询等作用，引导和规范教育经费严格按照财经纪律和规定进行使用，从而发挥出资金的最大效用。提倡财务服务，也是对财务部门及财务人员工作的重要考验，从主管到普通人员，所有人都要积极面对财务工作中的一切矛盾与问题，要勇于承担责任，敢于直面问题，大胆尝试创新和改革。

财务服务是对外的服务工作，每一位财务人员都应该在服务过程中保持良好的心态和饱满的工作状态。财务部门的工作人员要在思想上统一认识，明确财务服务推行的环境和目标，并且从内心里接受和认可这种理念，树立牢固的服务意识，积极应对所遇到的各种利益冲突，从而一步步实现财务服务优质、高效、满意的最终目标。

第二，加强文化宣传，营造良好氛围。财务服务文化是财务文化的重要组成部分之一，而财务文化又是校园文化的重要内容。因此，可以说财务服务文化对校园文化的建设具有依赖性，只有通过校园文化的传播，财务服务才能够更加贴近师生，与师生日常财务活动建立起联系。财务服务文化不仅能够普及国家和学校的财务制度与财务知识，也会与校园文化结合，将与财务相关的廉政文化、自我利益维护和正确行使财务权利等内容进行广泛宣传，在营造良好校园氛围的同时达到财务服务的宣传效果。

第三，优化办公功能，提供优越环境。财务办公环境直接影响着财务服务的质量和财务部门的形象，而硬件设施的配备和环境的整体布置决定着环境优劣。在工作中，财务人员的工作情绪与热情，以及高校师生对财务部门的需求，是以优越的办公条件为保障的。如果办公大厅十分明亮宽敞，那么会使人感到心情舒适；完整的财务流程张贴在醒目的位置，使服务对象能够一目了然；查询设备与打印机等的配备，可以大大节约等待时间；此外，网上预约、咨询服务台的设置、短信通知平台和大厅无线网络等措施，都能够体现出财务服务质量的重要性。营造舒适、快捷、便利的环境，可以进一步反映出财务服务的人文关怀，有助于提高高校师生对财务服务质量的满意度。

（2）构建全方位的财务服务框架。

第一，完善财经制度建设，明确经济责任。做好财务服务工作的前提是要有开展财务服务的依据，在财务规章制度的约束下实施财务行为。依据完善的财经制度，才能有效推进财务服务，明确经济责任，依法治校，按财务规则办事，不偏不倚，公平公正，才拥有真正的财务自信。

第二，加大财经政策宣传，减少信息不对称。财经政策宣传是提高财务政策透明和财务政策执行力的必然途径。高校财务环境越复杂，财经政策出台和宣传就越频繁。宣传财经制度，一方面要真正使财经制度的主要内容和明文规定被各财务利益相关者知悉，使他们在某种程度上了解制度文件的基本精神；另一方面，政策宣传要使各财务利益相关者正确理解财经制度要点，并按规定开展财务活动。因此，在财务服务过程中，重视和加强财经政策的解读、宣传，能够为财务服务工作顺利开展奠定良好基础，把财务矛盾化解在前期财经政策宣传阶段，避免因制度理解与执行偏差所带来的经济利益损失。

宣传财经政策，可以通过财务网页，设置制度、流程、政策法规及其他栏目，集中宣传，集中答问，透明公开，减少信息不对称，普及财务知识。同时，财务部门服务大厅中，制度、流程、重要财务信息上墙，为师生、员工主动学习财经政策提供最大方便。组织召开财务专题培训会，不定期或定期召开全校各单位分管财务负责人及财务经办人财务专题培训会议，集中学习和交流国家和学校的最新财务制度。

第三，优化财务流程，提高工作效率。财务流程能够充分反映出财务水平，财务流程的全面、简单、清晰与高效说明了财务服务具有较高水平。清晰简单的办事流程能够大大提升工作效率，在财务工作中，规定比较多，但是相对应的说明指南却不够一致，这会为高校师生员工在判断手续是否齐全、签字审批是否完备方面制造一定的障碍。因此，财务流程重在"一事一议"，简单清晰、快速有效，在解决问题方面要具有针对性。只有这样，财务部门才能提高工作效率，从而赢得广大师生和员工们的认可。

第四，搭建咨询平台，突出服务效果。财务咨询能够表明高校师生参与财务工作的频率，体现出师生对学校财务工作的关注度，以及对财务工作的了解渠道与程度深浅。目前，财务部门在咨询方面面临一定的问题，由于参与咨询的工作人员较多，回复口径不统一，由此造成了同一问题不同处理办法的情况，甚至会引起财务关系问题。因此，财务部门应当设置专门的咨询平台，包括当面咨询、电话咨询、网络咨询等形式，由专人负责解答问题。通过财务咨询，除了为服务对象答疑解惑外，财务人员也可以广泛征求意见，集中解决问题，从而提升工作效率。同时，还能够促使财务人员不断学习新的财务知识，帮助其更加深入地了解财务工作的意义，全面提升个人业务能力和综合素质。财务咨询工作可以采取轮岗制，使财务部门所有业务人员都能够参与其中，从整体上提升全部门的业务素质。

第五，构建信息化平台，推进信息公开。财务信息化平台在对外宣传、指导业务方面发挥着重要的作用，同时也是加强财务部门和其他各部门财务沟通的重要手段。财务信息化包括信息公开平台、查询平台和反馈平台三个主体。

信息公开平台是财务部门通过网络发布财务制度、财务信息和服务指南的主要平台，例如财务报销表格、财务报销流程和办法等，通过这一平台可以方便利益相关者准确、及时地获取重要财务信息，以便进行投资规划。

信息查询平台能够通过网络为财务经办人、负责人、经费负责人、单位及师生员工个体等提供经费查询服务，通过这一平台，相关人员可以进行公积金、工资、个税等的查询工作，获取需要的财务信息。

信息反馈平台的主要功能有两项，一是使得对财务信息存在疑问，或者对财务工作存在意见的服务对象，都可以通过此平台进行反馈；二是各二级单位可以通过平台及时上报主要职能部门的事业发展状况，涵盖教育事业发展、学校财力、银行资金结构等方面，包括但不限于专项经费建设和学院学生的相关财务信息等，有助于满足相关利益者对信息的使用需求。

第六，实施财务联络员与财务秘书制度，加强一二级财务间政策宣传和业务指导。拓展财务职能，财务工作延伸到各单位、各学院开展财务联络员活动，建立财务负责人、科长、财务一般岗位人员三级分层联络制度，财务部门人员与各单位财务负责人、财务经办人及他们的教职员工和学生主动联络，走进学院，走进部门，贴近专家，分类宣传，专人解释，增进了解。同时，实行财务秘书制度（财务干事），进一步明确各单位和学院财务经办人的岗位职责，加强对财务秘书的业务培训，明确他们对所在单位经费报销业务的初审责任，帮助教职工把握财经政策，使相关政策规章深入人心，减少财经政策执行矛盾。

财务联络员与财务秘书是加强一二级财务联动工作机制的核心内容，能够使财务部门全面贯彻各级经济责任制，实行"点对点"专人对口联系，有计划、分期分批地走进学院，结对共建，互通、互联、互动、互助，实现财务部门与全校各单位、广大师生之间的"无缝对接"。实施财务联络员与财务秘书制度，做好财务服务日常联络表，完善财务服务工作记录，有助于监督财务联络员和财务秘书加强财务业务学习，提高他们的组织纪律性和廉政风险管理识别水平，丰富财务人员绩效考评机制，更好地将财务人员业务考核与服务考核相结合，有效激发他们的上进心和工作热情。

（3）建立财务服务评价指标体系。财务工作具有综合性特点，其服务质量需要通过综合评价因素进行评定。由于这一特殊性，在对财务服务质量进行考评时，应注意采用定性与定量相结合的方法。财务服务评价指标体系包括三个一级指标：财务服务综合指标、财务服务信息质量指标和财务服务规范质量指标。

第一，财务服务综合指标。财务服务综合指标指的是通过对宏观层面的描述来评价服务质量，其中主要包括财务管理和监督体制、机构设置与人员分工、内控制度完善、财务流程清晰、财务信息公开和财务文化等内容。

第二，财务服务信息质量指标。财务服务信息质量指标指的是通过财务服务、指导，在学校经费管理、分配和使用以及财务风险方面直接体现出的管理效果。

第三，财务服务规范质量指标。财务服务规范质量指标指的是财务服务在规范财务活动方面所体现的服务效果，比如筹资、投资、收入、支出、负债等的管理方面，通过财务服务的延伸职能达到对学校财务活动进行规范的效果。

同时，财务服务评价也需要得到各利益主体的认可。可以采用实体或网络问卷的形式，对财务服务质量进行意见调查，收集各利益主体对财务服务的评价及意见，经过分析整理，得出较为客观的数据。

另外，要对各指标体系进行综合并进模型构建。财务服务评价定量模型在改进和优化后，可用于高校财务服务评价工作，这一模型将有利于财务主管部门以实证为依据，对影响财务服务质量的不利因素进行及时整改，从而全面提升财务服务水平。

第 三 章

新时期高校教学与科研管理

一、高校教学管理的现状及其管理策略

（一）高校教学管理的认知

1. 教学管理的目标。教学管理的功能、任务是根据确定的培养目标，按照一定的管理原则、程序和方法，组织和协调教学过程中的人力、物力、财力、时间和信息等，建立正常、相对稳定的教学秩序，以保证教学过程的畅通，使教学过程达到协调化、高效率与最优化，确保教学任务的完成，培养德、智、体全面发展的合格人才。教学管理的实质，就是设计和保持一种良好的教学环境，使教师和学生在教学过程中高效率地达到既定的教学目标。

（1）教学管理是高校管理工作的中心。高校的管理工作，应当以教学管理工作为中心。教学管理直接服务于教学和人才培养工作，在高校管理中处于极其重要而突出的地位，这都是由高等教育的功能和性质所决定的。

（2）教学管理要不断创新、与时俱进。高等教育的根本任务是培养具有创新精神和实践能力的高级专门人才。因此，教学管理工作必须适应培养创新人才和素质教育的要求，大力推进教学管理创新。这使得不断增强现代管理意识，更新教学管理理念，转变教学管理思想，改进教学管理方法和手段显得尤为迫切。

（3）教学管理是一项系统工程。教学管理的本质是在高校这一多层次、多因素的复杂系统中，以教学子系统为研究管理对象，组织和运用学校的各种教育资源，科学安排教学过程，实现教育资源

的最佳配置，获得教学工作的最佳效益。有效的管理来自于有效的组织。教学管理组织功能的有效发挥，需要管理体制和组织结构的合理优化。一方面，应该建立起一个科学、完整的教学管理系统，形成全面的教学质量管理体系和运行机制；另一方面，要建立起高效、灵活，并能创造性工作的教学管理系统，必须要加强教学管理队伍建设，建成一支专兼结合、素质较高、相对稳定的教学管理干部队伍，形成教学管理的核心力量。

（4）教学管理是一门科学。教学管理科学，是在教育科学、管理科学、系统科学及其他有关学科基础上形成的理论和方法体系。教学管理并不仅仅是一般的行政管理，而是兼有学术管理和行政管理双重功能的一门学科，是一门需要长期学习和实践才能掌握的学问，其双重功能主要体现在三个方面：优化教学资源配置，提高教学效率和效益；建立稳定的教学秩序，保证教学工作的稳定正常运行；研究并组织实施教学改革，努力调动师生教与学的积极性。

2. 高校教学管理的现状。

（1）高度的统一性。教育事业的落后和教育体制的弊端，突出体现在政府有关部门对高校的统一管理上，学校缺乏应有的活力。这种情况造成了我国高校教学管理的统一性与单一性。从统一招生开始，统一的培养目标、统一的教学大纲、统一的课程体系、统一的教学进度、统一的评定标准和统一的毕业证书，形成了我国高校教学管理的统一模式。这种模式强化了教学管理的规范性，保证了教学的基本质量，但影响了教学管理的灵活性与活力，一定程度上也使教学管理丧失了个性和创造力。

（2）相对的封闭性。主要体现在：①学生的招生和分配限于学校和政府的封闭圈；②高效的专业设置审批程序是封闭的；③高校之间的各种学制与体系是封闭的，学生的转学、转系十分困难；④学生的专业较早限于高考时的选择；⑤高校是"小而全"的封闭体系型的"小社会"。封闭的教学管理使高校无法及时实现与社会之间的良好沟通与联系，从而影响其拓展生存与发展的空间。因此，强调教学管理的多样性和开放性，显得十分必要。

在教学管理机构方面，与教学管理相联系的许多工作，分别由多个部门多头管理。因此，部门与教学管理部门相互协调的问题就显得较为重要。即使在教学管理部门内部，也是教务、教材、学籍、教学研究、实践教学等部门林立，机构细分的结果，这使教学管理工作严重缺乏系统性和有效性。

3. 高校教学管理的系统。高校教学管理系统是指高校遵循教学规律，在一定的教学理念的指导下，运用特定的管理理论和方法，借助技术平台的支持，对学校接收到的外界投入、信息、教学资源等进行优化配置，再经过组织有效的教学活动，将各种资源转化成教学产出，进而影响外部环境的系统。

其中，外界投入包括教育经费、硬软件设施、教师和学生，还有社会或个人对高校教育的要求，即外界需要高校培养什么样的学生，其中又包括学问造诣、综合素质和专业素养等方面的期待。教学产出包括合格人才和目标协调两方面：合格的人才指的是高校要为社会发展培养德、智、体、美、劳全面发展的综合性人才，要满足社区服务、企业或单位对人才的需求；目标协调指的是社会、组织、企业或单位等对人才的需求是多元化的，甚至相互矛盾的，因此需要教学管理者高瞻远瞩，科学地确定培养目标，协调各方的利益和矛盾，果断舍弃不适合教学良性发展的投入，不断为高校管理和教育教学注入新的活力。

（二）高校教学计划的管理策略

教学计划是高校培养专门人才和组织教学的主要依据，是实现高校人才培养目标和基本规格要求的总体设计蓝图和实施方案，是学校组织和管理教学过程的主要依据，也是学校对教育、教学质量监控与评价的基础性文件。

教学计划管理，是学校管理者为了实现预定的教学目标，按照国家统一的各年级学习科目，确定学校工作步调，设置和安排学校课程，指导、控制、总结和评价教学实践及其成果，保证培养合乎规格和标准的人才的活动。教学计划管理是高校教学管理的首要环节，也是提高教学管理效率的基础，它保证教学管理工作的目标、过程和效果与学校管理的总体目标相统一，并协调教学管理系统内各层次的目标、任务和行为。

1. 教学计划的构成要素。高校的教学计划是按专业制订的。一个完整的教学计划一般包括专业培养目标、课程设置、教育教学环节、学时安排和学分分配四个基本要素。四个要素的内涵及其相互关系如下：

（1）专业培养目标，是制订教学计划的前提。它决定课程的设置和教学内容的取舍，规定了对学生的具体要求，也决定了教学环节的安排。

（2）课程设置，是教学计划的主要内容。教学计划中一般设置四类课程，即公共课、基础课和专业基础课、专业课、选修课。课程设置是培养规格在课程上的反映，是实现培养目标的根本保证。

（3）教育教学环节，指教育、教学全过程中的不同活动形态。教学环节分为课程性教学环节和非课程性教学环节。课程性教学环节是课程教学所采用的各种活动方式，包括课堂讲授、课堂讨论、习题课、实验课、教学实习、考试课程设计和毕业设计等；非课程性教学环节是教育训练所采用的各种活动方式，包括入学教育、军事训练、公益劳动、科研活动、生产实习和社会调查等。

（4）学时安排和学分分配。学时安排所反映的是学生在各个主要的教育、教学环节中应投入的时间和精力，而学分是课时分配、教师工作量安排等计算的依据。

2. 教学计划制定的原则。

（1）发挥教学计划的特色。由于各高校的生源质量和范围、师资结构和水平、办学历史和条件、面向的地区和行业等具体情况不同，在制订教学计划的过程中，要正确处理国家对各专业人才培养的统一要求和本校培养特色的关系。要注重本校的培养特色，教学计划有特色，专业才能有生命力，才能在激烈的竞争中保持优势。

第一，在培养目标上体现特色。要结合本校的历史和传统，在分析本校优势的基础上，按照发挥优势的原则具体确定本校的培养目标，明确本校的培养方向。

第二，在课程体系上体现特色。继续保持与发展已有的优秀课程；对具有潜在实力的课程给予扶持，进一步建设成优秀课程；在加强优秀课程建设的基础上，调整课程结构，使课程结构体现特色，形成具有特色的课程体系。

第三，在培养模式上体现特色。关键是要改变传统的人才培养模式，构建创新型人才培养模式，在创新上突出特色。

（2）以学生为本。教学计划应以学生为本，即以学生为出发点，以学生为落脚点，为发挥学生的主体作用、为学生的自由发展提供更大的空间、更多的机会。

第一，培养目标的设计要在全面素质教育思想的指导下，处理好专业化与全面发展的矛盾。把实现学生德、智、体等各方面的全面发展，身体、精神、情感、理智等各要素的协调发展，智力因素与非智力因素的和谐发展，作为总的目标和要求。

第二，课程设置要在全面发展方针和培养目标的指导下，兼顾学科的性质和专业特点，因校、因专业制宜，使学生的知识能力结构具有时代特色、学校特色和专业特色。学生的知识能力结构是确定各类课程最优比例的出发点，要坚持共性与个性的有机结合。

第三，教学进度的安排要坚持统一性与灵活性的有机结合。即既要使教学进度符合学生成长规律和教育教学的一般规律，又要使教学进度富有弹性，为学生根据自身的特点合理安排自己学业的进程创造条件。

第四，学时安排和学分分配要根据培养目的以及课程体系和教学环节的特点来确定。依据专业业务范围的侧重点和所设定的学生知识能力结构，对课程体系中的各类课程区别对待，制订合理的学时和学分分配比重。

（3）强化学生能力。对学生动手能力和创新能力的培养，要符合高校培养高级部门人才的要求。高校教学计划的修订和完善必须坚持知识、能力、素质协调发展，综合提高的原则，关键是要在教学计划中强化能力培养，突出素质教育。

第一，培养学生掌握本学科、本专业必需的基础理论、基本知识和相邻专业的相关知识，将具有从事本专业实际工作和研究工作的能力及适应相邻专业业务工作的能力，具有独立获取知识、提出问题、分析问题和解决问题的基本能力及创新能力，具有良好的思想道德素质、文化素质、专业素质和身体心理素质，作为基本要求。

第二，建立有利于培养学生的基本知识、基本能力、基本素质的课程体系，特别是要加强教学的实践环节。教学实践环节是教学中普遍薄弱的环节，因此在教学计划中，要有意识地加强，使学生通过学习构建起适应终身学习及社会发展变化所需要的知识、能力和综合素质结构。

（4）完善教学计划的结构。制订教学计划，必须统筹规划，正确处理教学计划的各个方面、各个环节的关系，注重各个方面的协调和各个环节的配合，实现整体优化。

第一，注重课程设置与培养目标的协调。课程设置是教学计划的核心内容，直接关系到培养目标的实现。因此要以培养目标为核心，围绕培养目标设置课程。要围绕培养专业的高级专门人才这一中心，严格按照教育部的有关规定设置专业课，并围绕专业课设置专业基础课和专业选修课，形成以培养目标为红线的专业基础课、专业课和专业选修课相互协调的课程体系。

第二，注重理论教学和实践教学的配合。理论教学和实践教学是实现培养目标的重要构成因素。要改变重理论教学、轻实践教学的做法，加大实践教学的力度，增加社会实践和社会调查的学时和学分，并把社会调查分布在各个学年之中，使理论教学和实践教学达到具体的、动态的统一，从而进一步丰富教学形式。

第三，正确处理专业基础课、专业课和专业选修课的关系，完善课程结构。课程体系是教学计划的重要方面，主要涉及专业基础课、专业课和专业选修课的关系。要坚持以专业课为核心，专业基础课夯实基础，专业选修课拓展、发挥学生个性的原则，按照教育规律和学生成长的规律，分阶段、分步骤设置各类、各门课程，形成各类课程相互协调、各门课程前后衔接的课程体系。

第四，正确处理课程设置与学时分配的关系，合理分配学时。要以充分发挥学生的主动性和创造性、提高教学质量和办学效益为原则，合理安排教学全过程的学时分布、课内与课外的学时比例、必修课与选修课的学时比例、理论教学与实践环节的学时比例。

（三）高校教学运行过程的管理策略

教学运行管理是指按教学计划实施对教学活动的管理。其基本点是全校协同、上下协调，严格执行教学计划和各项制度，保证教学活动的有效进行和不断提高，保证教学质量。它主要包括以教师为主导、以学生为主体、师生互动的教学过程组织管理和以高校、院（系）教学行政管理部门为主体进行的教学行政管理两个部分的内容。

1. 教学过程管理的原则与作用。教学过程由课堂讲授、习题课、课堂讨论、实验课、课程设计、教学实习和生产实习、学年论文、考试或考察、毕业设计和毕业论文以及生产劳动、科研训练等若干环节所组成，是有序、各环节互相依存、互相促进的统一整体。教学过程管理是指教学管理者依据教学管理目标，按照教学特点和教学管理规律，在教学原则的指导下，选择和采用切合教学实际的管理方法。

（1）教学过程管理的基本原则。教学过程管理原则是根据教学管理的目的和任务，遵循教学管理的规律而制定的对教学管理的基本要求，是指导教学过程管理的一般原理。

第一，教学为主的原则。教学为主的原则是指教学管理者按照党的教育方针的要求，以教学计划、教学大纲和教科书为依据，集中主要精力，管理好教学工作，不断提高教学质量。

第二，依靠教师的原则。学校的职能是传授知识，培养人才。要实现这个职能，必须通过教学，而担负教学任务的唯有教师。简言之，没有教师就等于没有学校；没有高水平的教师，就没有高水平的教学质量。

第三，全面发展的原则。德、智、体全面发展，既是社会主义建设人才必须具备的素质，也是教学管理的最终目标。实施教学过程管理，就是力争使每一节课都实现教育、教学和发展三位一体的教学目的。好的课堂教学，应使学生思想上有提高、知识上有长进、能力上有发展。

（2）教学过程管理的主要作用。加强教学过程管理，是全面提高教学质量的重要手段。切实加强教学过程管理，必须实现三个转变。

第一，实现由生产型管理向经营型管理的转变。教学过程管理中的生产型管理是应试教育的表现，这种管理模式影响学生的身心健康和素质的全面提高。经营型管理是素质教育的要求，通过对教学过程全方位、全过程的经营型管理，达到全面提高教学质量的目的。

第二，实现由塾院式管理向开放式管理的转变。塾院式管理重视知识灌输，强调死记硬背，忽视能力培养，排斥自然科学和实际知识，教学内容严重脱离实际，不利于创新精神和实践能力的培养。开放式管理有利于落实"三个面向"的要求，有利于全面提高学生素质。

第三，实现由以物为中心的管理向以教师为中心的管理的转变。传统教学管理是以物为中心的，这种管理强调物的作用而忽视人的作用。人是生产力中最活跃的因素，也是管理活动中最具潜力的因素，人的能动性发挥与管理的绩效成正比，因此管理的核心应该是人。教学过程管理以教师为中心，注重满足教师的需要，有利于调动工作积极性。

总之，教学过程管理是提高学校教学质量的重要部分，由于教学过程管理内容丰富，涉及的面较广，所以如何把纷繁复杂的教学管理过程中的各环节进行系统化分类，形成一个比较完整的教学过程管理体系，控制好整个教学过程，保证教学管理快速、高质量运转，对提高学校教学质量具有一定的实际意义。

2. 教学行政管理的基本内容。教学行政管理，即教务管理，指高校、院、系和基层教学管理部门根据各专业的教学计划，运用各种管理手段，通过组织、指挥和协调与教学有关的各方面人员的活动，建立良好的教学秩序，高效率和高质量地完成各项教学任务，为实现教育目标所进行的各种职能活动。教学行政管理对于维持稳定的教学秩序、保证教学工作的正常进行具有重要的意义。

教学行政管理是保证整个学校教育教学活动顺利进行的基本条件。在宏观上，教务部门是学校计划的主要制订者之一，负责制订学校最主要的教学计划和有关教学工作的规章制度；制订学校有关教育事业发展、专业设置、教学改革等方面的措施。在微观上，组织检查、监督教学计划、教学大纲的执行和完成情况；全面安排学校的教学活动，把好教学质量关，对教学过程和学习过程的各个环节提出标准。另外，教务部门还承担着教师培训，教材、讲义的编写、审查、补充及印刷，制订开课计划、编班、编课、负责师生的考勤、考核以及招生、学生的学籍管理等。

教学行政管理即我们通常所说的教务管理，是在实施教学计划过程中进行的常规管理，其主要承担了教学计划落实的任务，还包括合理调配教材、配备教师等资源以匹配到各年级、专业的必修课和选修课，而后组织科学、有效的教学秩序以确保教学活动的顺利实施。教务管理工作具体可分为运行管理、例行管理和档案管理三大部分。

（1）常规的教学行政管理。校历的编制是首先需要做好的工作，其次是制定开课和结课计划，还有课程表的编排、教学任务落实到人和监督实施等工作。

（2）阶段性的教学管理。主要包括学生学习与教学实施的管理工作。学生学习的管理工作包括从各专业的招生计划确定到录取、报到等，学生入学后的编班、印发学生管理手册、必修课和选修课的安排、组织阶段性的考试、监考和补考等工作；教学实施的管理工作则有课程总表的编订、监督落实各学期或年度教学计划、检查教学活动、监督教学质量、组织教学观摩活动、组织教研活动、评选并表彰教学能手和教学骨干等。

（3）教学档案的管理。档案管理是行政管理的重要内容，是优质教学质量的重要保障，这项工作具体包含教学资料的管理、教务统计、学生的学籍管理等。具体来讲，教学资料的管理是指高校将有关教学质量、教改举措和成效、教研和教学等方面的资料归类整理，为今后的教学决策或教学研究提供第一手资料；教务统计包括对各院系、专业、班级的招生情况的统计、对学校生源情况的分析、对在校学生人数的统计、对学生在校成绩的统计、对各种教学报表的统计和分析等；学生的学籍管理是指对要进入本校学习的学生进行入学资格验证、在校奖惩情况登记、学分修习管理、毕业资格审定等。其主要工作内容包括：入学资格复查、注册、升留级、转学、转专业、跳级、休学、退学、复学、考勤、奖惩和学业成绩管理等。

（四）高校教学质量的管理策略

教学质量管理中的教学质量，是指教学过程及其效果所具有的、能用以鉴别其是否符合规定要求的一切特性和特征的总和，是学校一切工作的首要目标。教学质量管理是通过管好影响教学质量的全部教学因素和过程，从整体上达到专业培养目标，控制教学秩序和教学质量，并对不合格现象和高低分差等偏离目标的现象进行控制，最终实现全面的、宏观的教学质量控制。

1. 教学质量管理的基本内容。教学质量事关高校的兴衰成败，高校要在日常管理中特别重视与教学质量直接有关的因素，如教学质量设计、教学的进程调控、教学改进等。教学质量设计指的是高校为了确保某个特定的教学目标，对教学环节设置、作业布置等进行调整；教学进程调控是指将实际教学质量与目标教学质量对比后，对没有达标的教学环节进行调节管理；教学改进指的是根据既定的标准对现行教学进行调控，使其最终达到所要求水平的过程。

对教学质量的设计要建立在明确的教学质量目标和标准的前提下，要首先从目标和标准两个维度对教学质量进行设计，具体要做好两个方面的工作：一是明确教学质量目标和评价标准，即用哪些标准对教学质量进行衡量，达到哪些目标就是高质量等，这建立在对制约教学质量的因素的全面考虑之上；二是制定教学计划操作指南或实施细则，即为了达到提高教学质量的目标，要进行哪些操作程序，如何进行管理，如何组织和推进活动等。

教学质量管控以消除教学质量差异、尽可能达到质量标准为目标，具体可以从以下四个步骤着手去实施：确定控制对象；根据控制对象的特征选择衡量的方法或手段，并实施测量；对测量结果进行分析，并对比与标准之间的差异；就现存差异提出有针对性的措施和实施细则。以上四步中，确定质量控制对象和测量过程是教学质量得以管控的关键性抓手，分析质量差异和寻找差异原因是提高教学质量的关键环节，提高教学质量是最终目标。

教学的改进是针对教学中存在的问题采取措施，以求从根本上改变现状、提高教学质量。但是，教学质量的改进不是一蹴而就的，而是要一步步实施，具体有以下步骤：

（1）搜集和分析论证的数据资料和质量信息，证明确实存在影响全局的教学质量问题，说明这种问题已经成为制约教学质量进一步提高的"瓶颈"，从而引起领导的重视。要使领导者下决心进行教学质量改进，还必须进行质量成本核算。

（2）分析教学质量故障涉及的众多因素的主次，根据"关键的少数和次要的多数"原理，从中找出关键因素，确定攻关目标。当选好的质量突破口不止一个时，还必须确定突破项目的先后顺序。

（3）成立不同职能的组织，包括指导性和诊断性两类组织。其中指导性组织主要负责教学质量的提高指引工作，即发现可以突破的方向、找到关键性问题，破解导致教学质量不佳的症结，协调教学改进中遇到的阻力和瓶颈，掌控教改的进程和成效、调配各方资源，确定改进方案、实施措施并监督实施等。诊断性组织的主要任务是收集并分析教学质量，验证出现质量问题的缘由，提出教学质量改进的方案等。与指导性组织不同的是，诊断性组织的成员一般要有足够的时间进行长时期的调查研究，并具有丰富的教学经验和教学质量诊断技能，以及分析问题比较客观的能力。

（4）增强教学质量意识。教学质量意识是指人们对教学质量要求的正确理解和判断，以及用经济合理的方法达到教学质量要求的探索与行动；简言之，就是全体教师和教学管理人员做好教学质量管理工作的自觉性。

（5）采取纠正教学质量问题的措施并付诸行动。这是教学质量改进活动的重点。在实施改进措施的过程中，不可避免地会遇到阻力。要想克服阻力，教学质量改进的建议要精炼，措施要具体；要多做各个方面有影响力的人的工作；要尊重别人，听取别人的意见；

要设身处地地考虑质量改进措施的可行性和前景。

（6）当教学质量改进成功之后，应及时总结经验，把质量变革的成果纳入教学质量标准，使教学质量稳定地保持在新的水平上。

2. 构建教学质量的监控系统。教学质量监控系统包括教学管理系统、教学监督系统、教学评价系统三个部分。三者既相对独立，又互相关联。

（1）构建教学的管理系统。完善的高校教学管理系统是高校教学活动正常运转、教学质量提高的基本保障，在高校中，这项职能一般由教务处承担，其日常工作职责包括确定管理目标、编写管理制度、监督规章制度实施、评估教学活动等。具体而言，高校的教务处需要完成以下工作：确定人才培养模式和计划、制定教学管理制度、论证教学建设项目的可行性、管理重大的教研教学项目、把关全校各院系教学活动、实施教学质量的监控、参与课程建设、监督具体的教学工作、宏观管理各院系的教学工作等。

当然，除了学校教务处，各院系要以学科专业为单位，主动承担起落实教学任务的责任，对教学单位内部的科研项目要严格把关，积极处理日常行政事务等。各院系要根据本教学部的特色，在遵守学校规章制度的前提下，对本院系的专业方向、课程设置、人才培养设置科学而系统的规划方案、实施细则，要监控教学过程的运行、教学质量的评估，对教学进行微观管理等。

（2）构建教学的监督系统。第一，教学督导制度。教学督导是对教学过程实施监督、评估。教学督导内容包括专业建设、教学计划、教学基本要求、理论教学、实践等相关环节。督导人员深入教学一线，通过听课、召开学生座谈会、与教师谈心、参加教研活动等多种方式，了解教学过程，进行督导。

第二，听课制度。成立中心听课组，建立领导干部、督导人员、同行教师听课制度。各级党政干部深入教学一线，倾听师生意见，及时了解教学情况，发现并解决教学中存在的问题。避免教学一线与管理层的脱节，保证教学管理工作的针对性和有效性。促进教师不断改进教学方法，更新教学内容，提高教学质量。

第三，信息员制度。建立学生信息员制度，通过信息员可以使教学管理部门及时了解并掌握全院教学秩序、教师课堂教学、教学方法、教材使用、教学条件、考试考查等方面存在的问题，并能够根据反映的情况，及时采取有效措施加以解决。通过建立信息员制度，使学院的管理和教学更加贴近学生、贴近实际。

第四，教学检查制度。建立完善的学期前、学期中、学期末三段式教学检查制度，每次检查各有具体要求。检查必须按照要求全面有序地进行，同时进行教学检查的总结与分析，有针对性地提出解决方案和整改措施并认真落实。形成完善的以查促改、以查促建的监控机制，使教学运行过程中存在的问题能够及时发现和解决，保证教学工作各环节的良性循环。

（3）构建教学的评价系统。教学评价是高校实施教学管理和保障教学质量的重要依据，具体工作由教务处牵头完成。该措施是为了提高教学质量、提升办学水平而设置的，具体包括教学教务人员的工作职责与规范的制订、教学活动和实践基地评价体系的建立、课程建设与评估标准确立、教学质量的监控等。教学评价系统主要包括以下三个层面的工作：

第一，教师教学工作评价。对教师的评价主要由学生、同行、部门、自我四部分组成，其中教师的自我评价是参考项，不计入教师最终的评价结果，前三部分评价所占比例依次为 $4:3.5:2.5$。值得注意的是，以上评价比例是以一定的指标和方案为依据做出的，力求对教师的实际教学工作产生实质性的指导价值。教师教学质量以学年为单位进行，评价结果是教师考核、职称晋升的重要依据。

第二，各教研室工作评估。教研室的评价一般以学年为单位，按照学校制定的评价标准进行，具体包括组织管理、教学过程管理、教学体系建设、教研与教改四部分。具体操作程序是：各教研室首先将本室的评价方案和安排报备给教务处，然后根据相关评价标准对学年工作进行自查，并以报告的形式呈现，再请院系对各教研室的评价进行汇总和分析，最后由各院系提出整改方案报送教务处。教务处正是以这种自下而上的评价形式，完成对基层教学单位的工作管理和监督。

第三，院系教学工作评估。院系是学校组织教学、实施教学管理的基本单元，院系教学工作是学校教学工作开展的基石。高校为了保证教学质量，对各院系工作的评价以年度考核和周期水平考核为层次标准。其中，周期水平考核指的是对院系教学工作中时效性强的工作及时考核、及时管控、及时落实；年度考核指的是对院系办学理念、办学思路、办学目标、日常教务管理、教研和教改、教学质量管控等进行宏观、全面地评估。

二、新时期高校教学管理模式构建与改革

（一）新时期高校教学管理模式的改革

1. 高校教学管理的理念改革。高校教学管理中，除了师资队伍、办学建制外，更重要的是先进管理理念的引进并使之发挥作用。当今是信息化建设飞速发展的时代，高校管理者在具备坚实的管理能力之外，还应具备以下的先进管理理念：

（1）审时度势、主动适应的思想。主动适应是指教育管理者在发展教育时应该注重社会发展需求的分析，及时将人才培养的方向与社会总需求相结合，向社会输送高素质、高技能、适应性强的人才。高校应主动对接企业、用人单位，针对不同人才需求及时调整教学思路，建立人才培养与社会需求之间的紧密联系。主动适应性思维作为高校教育的主要指导思想，具体体现在人才培养方面的适当放权，即根据外部环境变化，主动调整和变化教学要素，积极与社会需求接轨，灵活应对社会发展潮流。

（2）全面质量管理理念。全面质量管理是一个组织，把质量当作核心，将全员共同参与作为根基，目的在于让组织中全部成员与社会受益，而获得持续成功的路径。高校教学管理实践当中的全面质量管理具体内容如下：

第一，全过程质量管理。想要把教育目标作为核心，科学有序地实施教育教学活动，就要加强对教育教学环节质量的全方位把控，尤其是要管理好接口，保证不同环节的有效衔接，有效确定不同环节要达到的质量标准。

第二，立体化、全覆盖质量管理。在加强高校教育管理时，要做好学校各个部门的质量管理监测，一旦发现影响教学的因素，要通盘考虑，研究对策。例如后勤部、人事管理部门等学校自身管理系统的运行质量会直接影响教学以及其他工作，这是我国高校的现实情况。

第三，全员参与质量管理。在高校中，无论是教师、学生还是学校管理者，都有义务和责任对学校的质量提升做出积极贡献。作为管理者应当注重发动全校师生的力量，共同参与学校建设，从每个部门、每个院系出发，做好全员管理工作，从而培育高素质人才队伍以及建立一流高校管理机制。

2. 高校教学模式与管理模式的改革。

目前，社会对人才的需求标准与日俱增，学校应该努力培养出一批专业技能高、综合能力强的高质量人才精英。因此，改革教学模式和管理方式势在必行，信息化也为教育教学改革提供条件。在信息化社会，教学培养人才的方式应突出以下方面：

（1）引入学生参与式教学。学生虽然在课堂上属于教学客体和教学目标人群，但也是课堂的重要参与者。因此在教学方法上，要突出学生的学习主体作用，将教学方法加以改进，以课堂提问式教学、开放性教学为特征，引导学生进行开放性、发散性思考。有些探讨的问题可以没有标准答案，有的甚至不留作业、论文，留给学生充足时间进行思考和探索，提高学习的积极性和主动性。在课堂之外，学生可以利用网络大量收集信息来解答问题，教师再对学生加以辅导，使之完成知识学习的系统化和内化，完善学生的知识结构。基于这样的学习实践过程，学生可以利用网络技术提升分析问题和解决问题的能力。同时网络教学方式还能促进学生深入理解和掌握学习内容，进行知识扩展，获得多方面的学习收获。另外，教师需注意不同知识基础的学生的教学进度问题，在学习个性化和基础综合并重上下功夫，加强因材施教，完善学习规划，尽可能使每个学生都获得最新、最全的知识结构。

（2）提升学生实践能力。目前部分高校的教学设备配备还不齐全，很多学校的实验品供应不足，仪器仪表硬件设施等还不齐备。这些客观因素在一定程度上影响了学校实践课程的开展。而计算机技术具有模拟、虚拟等功能，教学设计者可以通过设计小程序为学生提供虚拟实验室。在网络上，学生可以进行虚拟实践操作，不受空间、时间、硬件等限制，从而可以进行多次实践。如网上虚拟数码青蛙的解剖手术，即可以使学生利用计算机技术进行虚拟解剖。虚拟实验室相比传统实验室具有低风险、低成本的优势。在计算机系统上，学生操作次数不受限制，可以失败重来、反复训练，直到熟练，并且简单易操作。有的实验有危险性或是肉眼不易观察，实验环境非常苛刻，建立实验室难度较大。这种情况下，可以利用虚拟实验室达到实践操作的训练目标。

（3）加强全面型人才的培养。加强全面型人才培养力度，鼓励学生宽口径、跨学科学习。随着社会不断发展，新的学科和交叉学科不断涌现。因此在教学中需要注意强化综合培养意识，建立交叉学科培养的教学机制，突出宽口径教学和跨学科教学，使学生在未来竞争中具备突出优势。高校管理者要充分调研市场需求，借鉴国内外成功的跨学科教学做法，并注重与本校的实际相结合，将必修课程和选修课程加以科学分类和交叉学习，加强校内院系学科的互通性，包括文理交叉、跨门类交叉。这样可以充分锻炼学生的综合学习能力和实践能力，使学生更具创新性和创造力。

在专业设计上，高校管理者要提供更多的专业和课程，使学生能够根据自己的爱好和特长制定符合自身优势和兴趣导向的培养目标，从而提升学习积极性，开展自主学习。学校要为学生提供跨专业、跨班学习的便利条件，完善课程积分机制，抓住交叉学科的优势，组织教研人员和配备教师，形成有机制、有规划的跨学科教学体制，激发多个部门的创新意识，从而为社会培养更多的综合型人才。

这种新的教学培养模式必然要求转变管理方式。当前很多高校都实行学分管理制度，并没有改变传统的教学管理模式，以学分确定学生培养程度的方式，不够灵活，条条框框和约束太多，造成无法使教学和学生实现多门类、跨学科发展。目前，应注重学生的个性化培养，在教学管理上提倡以学生为中心、教师为辅助，建立以学生为主导的学生服务中心，即高校应建立一个相对完善的管理部门，针对学生的个性化发展，建立心理咨询、急救救援、学习指导、工作导向研究等一系列配套机制。取消班级制度，以宿舍管理体制为基础，建立由一个教师带十名左右学生的互学互助小组。小组中引入高年级或研究生班级的优秀学生，帮助参与管理和指导学科学习。这样有助于学生加强自我管理、互助学习，提升主动性，使学生的综合能力得到锻炼，并有效推动每个学生积极、健康、全面发展。

3. 高校教学管理课程体系的改革。根据高校改革的若干意见，目前的高校课程体系评估也需要进行转变。一是要加快学科课堂体系的整合力度。对各个学科应不断深入研究其课程目标、课程范围、教学基础设置，以不断加大整合力度。二是要强化课程体系的完整性。教学内容越丰富，课内外时间有保证，学科的课程体系才能越来越完整。三是要保证学科课程体系可持续发展。随着社会的不断进步和科技水平的不断提高，目前的课程体系应及时进行自我调整和自我更新，以适应社会发展需求。四是要保证课程体系的平衡结构。在课程内容设置上，要保证课堂的传统设计理念与新思路、新思维的高度协调，保证课堂的原发性和继发性层次结构与内部关系高度整合，共同发挥作用。因此，优化课堂设置，应该注意以下方面：

（1）不断更新教学内容，保证课堂的科学性、前沿性和创新性。传统课程已经无法满足高速发展的现代社会需求，教师应时刻关注学科前沿知识，将最新科学成果引入到现有的教学课程中；还要与实践相结合，激发学生学习主动性和兴趣；还可以网络学习辅助课堂教学，不断更新知识结构，以更好地完成教学目标。

（2）跨学科课程建设应提上日程并加以实践。理工科与文科的相互渗透，能够让学生更具有社会竞争力和创新能力。教育管理者、学科建设者、一线实践者要密切关注综合学科和交叉学科的创建与发展，集思广益，注重实践。

（3）在师资培训方面，应加强师资队伍建设。教师主要来自四个方面：大量优秀教师的引进；不拘形式的教师的培养；考核不达标教师的分流；教学型、科研型、实验型三种类型的教师激励机制和竞争机制的引入。

（4）借鉴成功的课程设置和教学经验，达到教学改革目标。近年来，大部分高校改革都在有序开展，国外也有很多成功的案例，比如校企结合、学生工作部的建立、跨专业学习等。加快改革进程，可以借鉴外来经验，扩展教学内容和加快管理体制建设，还可以增加课程设置的种类和数量。

（5）突出课程比例的平衡和合理设置。高校目前大多实行学分制，课程分为必修课和选修课两种，两者有一定比例。但目前选修课普遍占比较低，无法满足学习多样化的需求，学分设置和成绩评估机制上有待提高。因此管理者可以在必修课程内加入一些选课系统，使学生根据自己的特长、兴趣选择如数学、物理、计算机应用等不同等级的课程，提高交叉学科学习的机会，提高学生的学习有效性。

（二）新时期高校教学管理模式的"社会化"路径

在 21 世纪之前，中国的高校被确立为面向精英的教育机构，并且随着当前高校招生规模的不断扩张，高校已成为面向大众的教育机构。这将不可避免地需要高校教育管理"社会化"发展，在社会力量的帮助下实现优质的教育管理，然后反过来建设优质的社会。

随着信息技术的不断发展，高校师生的思想和工作发生了重大变化，教师不再只需要参加学术研究，还需要在各种行政工作中花费时间；同时，学生也不再只是忙于校园学习，还越来越关注社会的各个方面。因此，对于高校教育管理必须采取自主行动，以开放和创新的方式迎接"社会化"，以适应不断变化的环境发展。高等教育的开放性要求对教育管理进行"社会化"改革。高等教育要为市场经济的发展提供许多人才，高校与政府、市场和社会三者之间的互动达到关系紧密的高峰时期。最重要的是，高校是具有公共特征的非营利组织，其主要目的是服务社会，因此在教育发展方面，高校必须满足社会的需求，寻求和促进公共福利的发展。推动社会发展是高校的责任。

高校必须在教育管理过程中了解社会的需求并参与社会管理，吸收社会参与并接受社会建议。因此，就服务社会而言，高校教育管理必须"社会化"；对于社会实践和就业实习，高校教育管理必须"社会化"。当前，我国高校教育管理存在很多问题，其中最突出的是大学生就业难问题。因此除了在课堂上学习理论和技能外，更多的学生需要参加社会实践和就业实习，以提高他们的就业潜力。

高等教育是一个特殊的教育阶段，承担着人员培训、创新型科研以及社会服务等多方面的职能和责任。从本质上讲，学生、学校和社会密不可分又相互作用、彼此影响。学生必须学习理论知识，同时要掌握基本的社会技能。学校除了教授学生知识和技能外，还需要引导学生更好地进入社会。对于社会而言，学生在社会中很好地生活对社会可持续性发展产生重要的影响。高校教育管理的核心过程是将学生的身份从进行知识积累的学生类型转变为可以进行创新型科研的社会类型。因此，高校不再只是进行学习的神圣场所，而是一个学生接触、理解和适应社会的有过渡作用的中间平台。

1. 传统高校教育管理观念的转变。我们可以学习与国外的科学和文化相关的知识技能，效仿先进国家已经展现成效的工业管理，但是值得注意的是，参与或负责此项工作的人在观念、思想、态度、心理和行为方面都需要现代化，否则"学习"和"效仿"的初心将很难实现。为了在高校教育管理中取得理想结果，我们有必要摒弃老式的封闭观念，实现"社会化"。为了跟上社会发展的步伐，高校教育管理必须适应社会，并吸收社会营养以更好地促进发展；高校必须满足社会发展的需要，重视社会责任，促进社会发展。

高校必须清楚地意识到，高等教育适应市场经济是进行"社会化"的需要，它可以在有限的人力、物力和财力范围内发挥更大的作用，更有效地促进教育水平的提高，达到社会经济效益的优化。因此，高校教育管理必须坚持开放、社会化的原则，与社会保持紧密联系，加强互动，与社会协同起来对学生进行教育，在高校教育管理中融入社会管理的力量。总而言之，高校教育管理必须改变传统的意识形态，并需要从社会角度将教育管理的地位从学校扩展到社会。

2. 专业人才培养的改革。为社会培养实践和专业人才是高校教育管理的主要目标之一。如果仅依靠严肃的理论知识和对"形而上学"的研究将无法实现这一目标，只有在获得知识的基础上，创新地解决在专业领域遇到的困难才可以实现以上目标。为社会培养实用人才应认识两个方面：一是为社会培养人才，二是培养实践人才。

高校不只是教育学生的场所，还应当负责学生的就业。高校必须善于教育和培训人才，以及输出人才。因此，建设适合时代和社会要求的高校课程是必然的解决方案。

高校日益紧张的就业形势导致诸如所学专业不对口、工作经验不足以及研发能力薄弱等问题突出，这已变成阻碍学生就业的主要障碍。因此，高校首先要解决的困难是就业问题，并且应该针对性地处理。高校必须攻克的难题是开设适合社会需要的专业，要突破传统思维，了解社会和企业需要的学生类型，根据他们的要求有针对性地开设专业，量身打造合格的学生。高校可以直接提供满足企业需求的，既高端又实用的人才。因此，学校可以根据社会需要开设专业，打破之前对专业定位设置的标准，跨越不同专业之间的屏障，建立多学科和新型的综合性新专业，以提高学生的综合技能。另外，这种方式还可以满足当今社会和企业对复合人才的需求。高校需要打破传统，但是要基于传统理论建立专业概念，可以学习技术学校的模式，与优秀的大公司进行合作，共同办学，定点教育和开展专业人才培训。这样一来不仅可以为学生提供最新的知识，而且可以提高他们的专业实践技能，并能够为企业提供一批杰出的实用人才。这是一个解决学生就业问题和公司用人问题的双赢方法。

3. 促进高校教育管理机制的社会化。教育界一直坚持高等教育管理就是行政管理，高等教育管理体制就是"行政体制"或"属于行政体制"的观点。但这种单一的管理机制无法满足社会的多样化需求，因此"去行政化"十分重要。目前，在部分高校中，已经实施不少"去行政化"的改革措施，但是由于教育体制极其特殊的原因，高校行政职位始终处于政府级别层面，"去行政化"无法解决当前大学的行政问题。因此，为了真正有效地解决高校行政管理问题，必须完善机制，规范管理，促进高校教育管理机制的社会化。

高校教育管理的主要成员不仅是政府部门和大学、非正式的公益机构，而且也包括营利性组织，并且通过建立相关制度，阐明各种教育管理机构的权利和责任，可能有更多主体按要求参与教育管理。基于教育管理主体的社会化可以结合中国的实际国情。从大学的角度来看，需要为行政部门分配一个行政管理团队，将校级以下的行政工作交由其管理，类似于企业聘用职业经理人。学校可以聘用校外的专业团队，也可以建立专业管理制度，发挥教育管理的有效性和效益性。还应当充分动员社会参与运作，可以实施董事会和监事会的相关制度，使社会各界能够参与大学的决策、运营和管理。

4. 构建融入社会的生活环境。从高校教育环境的状况来看，学校在很多方面对学生进行了优化和保护，因此大部分学生的成长受到了一定的限制。毕业后学生为了适应社会环境，实现从学生到社会人的角色转换，需要花费较长时间。虽然随着学校周围环境的变化以及自身的发展和变化，学校不再是封闭的教学环境，校园的生活环境已经逐渐被商业、社区和贸易等渗透。中国的发达城市已逐渐建立了自己的大学城，但该区的配套设备和社会阶层并未融合，学校和真正的社会还有断层。因此，基于宿舍的校园生活管理模式不再适合大学生的日常学习生活。

高校应削弱自己的"家长式"管理，而与周围社区建立联系，融入周围环境，形成小生活圈子，并成为社会的一部分。学习和生活之间没有距离，在这样和谐的生活环境中，学生可以自然地适应社会节奏，融入社会，从而真正全面成长并减少毕业后为适应社会花费的时间。

5. 鼓励学生参与社会实践活动。随着市场经济的不断发展，高等教育管理变得更加开放。在人才培养方面，高等教育管理从理论教学开始走向理论与实践结合。但由于受到传统教育惯性的影响，社会实践并未受到应有的重视。社会实践是学生认识社会的基础，是学生走向社会的纽带，是学生承担责任和为社会做贡献的有效途径，也是实现学生社会化的重要途径。因此，必须建立长效机制进行高校教育管理，积极鼓励学生参与社会实践。

在学生教育中应制定相应的学生社会实践守则，将学生社会实践作为必修课提升到制度层面上，并纳入教育体系和教学之中。同时，高校应加强与社会的合作并按流程执行，保证其有效进行。为了确立权威性，可以指定一个部门监督过程及质量。对于不按流程工作的负责人应严肃处理，追究其责任，以确保流程的执行和教育管理流程建设。

三、新时期高校教研与科研组织管理探究

（一）新时期高校教研与科研管理的认知

1. 高校教研与科研的理念。

（1）高校教研与科研的认知。

第一，高校教研与科研的研究活动。学校教研是学校教学研究的简称。它是指学校借助教育科学理论，以有价值的教学问题为对象，运用恰当的研究方法，有目的、有计划、有组织地对学校教学实践进行研究的活动。学校科研是学校教育科学研究的简称。学校教研是认识教育本质与客观规律、创新教育理论和方法，或遵循教育规律解决教育教学实际问题的创造性活动。

第二，高校教研与科研的基本要素。

首先，需要教育科学理论的指导。教育科学中的教育学、心理学、教育管理学、教育社会学、德育论、学科教学论、教育技术学、教育美学等理论为学校的教研和科研提供了先进的理念支撑和科学的理论指导，保证了学校研究活动的科学性。

其次，具有明显的应用性。学校教育研究活动的主要范畴是学校办学发展过程中在教育、教学、管理等方面出现的实践问题，应用性是学校教研与科研的突出特征。

再次，有目的、有计划、有组织。学校教研和科研的目的，在于解决学校发展中的教育、教学、管理等方面的问题，促进学校人

员发展和办学质量的提高，最终促进学生全面、健康地发展。为了达成研究目的，学校要分析学校发展中的问题，做出研究计划，并建立相应的机构和制度，而不能盲目进行，随意开展。

最后，学校教研与科研的本质是创造性的认识活动。尽管学校的教研和科研活动具有明显的实践性，但是，它们在本质上仍属于一种认识活动，是探求学校教育教学和管理等各方面的未知，发现新规律，求得新结论，创造出更科学、更新的教育教学和学校管理方法的创造性认识活动。这种活动以已有的知识为基础，以科学实验或逻辑推理为基本手段，以获取新知为价值归宿。

（2）高校教研与科研的活动。

第一，教师是学校教研与科研的主体。学校教研和科研活动要依靠教师，它们是"源于教师""由教师做""为了教师"的活动。教师把握和主导着学校研究活动的方向和内容，实施学校研究活动并使用研究活动的成果。

第二，学校发展中的问题是学校教研与科研的主要来源。学校教研和科研都是在学校这一具体情境中进行的，与教师的教育教学工作、管理工作、学生身心的健康成长等紧密地结合在一起。

第三，促进学校持续发展是学校教研与科研的价值追求。学校开展教学研究和教育科学研究，根本的价值追求在于解决学校中的现实问题，改善学校办学条件，提高学校效能。

第四，整合校内外资源是提高学校教研与科研质量的重要保障。尽管学校的教研和科研活动重视学校内部的问题，强调以学校教师为主体，但不能持"唯学校论"的观点。学校必须从社区所在的高等院校、专业教育研究机构、教育行政部门等地方获取必要的指导和支持，以学校的力量为主体，整合校内外一切可供利用的资源开展教研和科研活动。

2. 高校教研与科研管理的共同要素。学校教研与科研管理，是以现代管理科学和教育科学为理论基础，遵循教育教学研究的基本规律，有效发挥学校人、财、物、时间、空间信息等要素的作用，运用决策、指挥、计划、组织、控制、协调等管理职能和科学的管理方法影响学校教研与科研工作，以实现学校教研与科研目标的活动过程。其根本目的是高效率、高质量地完成学校教研与科研任务，并将研究成果运用到学校的教育、教学、管理等工作之中，促进学校的健康发展。

学校管理面对的是学校内外的各种"事"，这些"事"都是由学校管理的基本要素——人、财、物和特殊要素——时间、空间、信息综合作用而形成的。学校教研与科研管理的共同要素，也可以在以下六个基本要素的层面上加以论述。

（1）学校教研与科研管理中的"人"。学校教研与科研管理中的"人"，包括管理者和被管理者两大类。学校教研与科研管理的管理者，首先是校长，作为学校的最高行政负责人，校长要亲自组织和领导教研与科研工作。其次是教务处及负责学校科研的部门负责人，他们协助校长，主抓教研与科研工作，是学校教研与科研工作的中间管理层。最后是学校教研组和年级组的组长，他们是学校教研与科研的基层管理者。学校教研与科研工作的被管理者，是指学校中凡是参与到教研与科研工作之中的所有教职员工，既包括专职教师，也包括行政、后勤等方面的人员。学校要充分调动他们教研与科研工作的积极性，对他们普及教研与科研的理论知识，培养和提高他们的研究能力。

（2）学校教研与科研管理中的"财"。学校教研与科研管理中的"财"，主要就是指学校可用于教研与科研活动的经费，包括校外各相关机构拨付给学校的研究经费，以及学校自己在教研与科研方面的经费投入。研究经费必须专款专用。为了提高学校的教研与科研水平，学校应不断加大在教研与科研方面的经费投入。

（3）学校教研与科研管理中的"物"。学校教研与科研工作对"物"的要求不高，因此学校教研科研管理中对"物"的管理也不复杂，配备好基本的办公设施，如电脑网络设施、用于教研与科研活动资料储存的相关物品等即可。

（4）学校教研与科研管理中的"时间"。学校教研与科研工作都必须以专门的时间作保证。由于学校教师教育教学任务繁重，很难像专业研究人员一样有专门时间进行研究，因此，教研与科研的时间管理就显得尤为重要。

（5）学校教研与科研管理中的"空间"。学校教研与科研管理中的空间管理和对"物"的管理有相似之处，并没有特别高的要求和复杂的任务，只要有足够的工作地点，保证教研与科研工作的顺利进行即可。另外，学校领导等管理者要突破学校空间的局限，树立开放的管理理念，加强与高等院校、专业科研机构以及兄弟学校之间的合作教研和科研。

（6）学校教研与科研管理中的"信息"。学校教研与科研工作的质量和效率离不开信息。在学校教研与科研管理中首先要重视相关信息资料的硬件及其建设。所谓硬件指的是学校图书馆、资料室、档案库的建设及计算机的联网等。硬件建设就是要加大学校信息资料建设，购置和更新图书、教育杂志、报纸和其他相关的信息资料；做好学校的网络和信息库建设；充分利用学校已有的文献资料为教师的教研与科研工作服务；要为各教研组配备书柜和文件夹，用于书籍、资料档案的保存等。因此，学校要选择好图书管理员和资料管理员。

学校在加强学校教研与科研硬件建设的同时，还应该加强对教师的教育，使他们有自主学习、查阅资料的意识和积极性；要制定学校教师学习与科研制度，对教师学习理论知识、查阅资料、进行教研与科研活动提出相应的要求，确立评价与激励机制。另外，学校还要邀请教育理论方面的专家学者、专业教育科研人员等到学校进行学术讲座，丰富学校教师的知识，开阔他们的视野，培养他们的信息素养，为教师的教研与科研活动提供更多的便利。

3. 高校教研与科研管理的共性内容。学校教研和科研工作中的人、财、物、时间、空间、信息综合作用所构成的各种教研和科研活动中的"事"，有分属于教研或科研的，但也有共属于学校教研和科研工作的。这些共性的"事"，就是学校教研与科研管理的共性内容。

（1）制定管理学校教研科研规划。学校教研和科研规划是学校在一定时期内对教学研究和教育科研发展做出的总体设计，其主要内容包括：学校教研和科研工作发展的总目标、教学研究和教育科研组织的发展、队伍建设、教科研管理的具体内容、学校研究保障条件及其改善等。加强学校教研科研规划，对于克服教研和科研工作的随意性，有计划、有步骤地做好学校研究工作具有重要的意义。

学校教学研究发展规划和学校教育科研规划应该分别制定。学校制定出 3～5 年的总体规划之后，每年还要制订学年工作计划和学期工作计划；而学校的教研组、年级组等还要在上述规划和计划的基础上制定出本部门的行动方案，并负责方案的实施与管理。学校教研与科研规划管理，主要包括以下方面：

第一，分析校内外环境。校外环境包括政治因素、经济因素、科技因素、文化因素、人口因素、教育因素、学校所在社区的环境因素等；校内因素包括学校的基本情况（特别是学校教师教学研究和教育科研的现状）、学校的优势和不足、学校发展面临的挑战和急需解决的问题等。

第二，确立学校教研和科研的总体发展目标，即 3～5 年内学校教研和科研应该解决的重大问题、发展的理想规格、应该达到的新高度等。

第三，拟订候选方案。根据学校教研和科研发展目标，制定 2～3 套可供选择的候选规划，并对每一套规划的特点做出明确的说明，以便于学校教职员工进行讨论和选择。

第四，评估和确定发展规划。学校把拟订的候选方案交全体教职员工进行民主评议并提出修改意见；在进一步修改的基础上，通过教代会等形式，由全体教职员工决定发展规划。

第五，实施学校教研和科研发展规划。将确定下来的规划具体化为学年和学期教研与科研计划，然后将计划再分解到相关的部门和个人，并由教研组、年级组等负责实施具体的工作计划。

第六，检查和反馈。在学校教研与科研规划实施的过程中，学校管理部门要对实施情况进行检查，以确保规划实施的正确方向和良好效果。每一个阶段的工作完成之后，要对实施情况进行评价，并将评价结果反馈给学校领导管理层和具体的执行者，以便于改进规划。

（2）目标与知识的管理。

第一，目标管理。目标管理就是根据所设置的目标进行管理的活动。具体来说，就是组织中由总体目标引导各个部门直到每个成员制定各自的分目标和个体目标，并据此确定行动方案并组织实施，定期进行成果考核的管理方式。学校教学研究的直接目的在于解决教学问题，特别是教学实践问题；间接目的在于促进教师发展；根本目的在于促进学生的健康发展。

学校教育科研的目标可以界定为两个方面：一是发现和建立新的教育教学理论，丰富和发展教育科学；二是促进教师专业素质的提升，提高学校教育教学质量。尽管学校教研目标和科研目标各有不同，但是，它们的共性就是通过解决学校实践中产生的现实问题，提高学校的教育质量和办学水平，促进人的发展。这一共性目标是学校利用目标管理方式进行教研科研管理的基础。

运用目标管理方式对学校教研与科研工作进行管理时，要遵循五个步骤：①确定学校教研与科研活动的总体目标。②根据目标中包含的任务，将目标进行细化和分解。要根据学校工作的轻重缓急、研究工作的难易程度、规模大小等，明确研究工作的重点以及不同层级和不同参与者的具体任务。③分配任务。将任务分配到学校各相关部门，并要求他们制订出各自部门或每个人具体的工作计划。④实施目标。各个部门和教师根据自己的工作计划开展研究。学校领导管理部门在这期间要做好过程管理，包括组织、指导、协调、控制、创建良好的氛围和环境、提供保障条件等。⑤评价成果。各个部门和教师的工作完成之后，就要对照目标评估工作成果，进行工作总结，并依据评估结果进行奖惩。

第二，知识管理。"知识管理"这一概念最早产生于 20 世纪 90 年代的管理学领域，其基本内涵是：组织与机构对知识的获取、存储、学习、共享和创新等过程的管理，是将组织内的知识与人员进行有效整合，形成组织内外部各种资源的有效挖掘和共享体系，使之发挥最大的效用，以促进组织的竞争力和可持续发展。教师由于其工作环境与任务的特殊性，不可能像专业教育研究人员那样有充足的时间和精力获取大量的研究信息。在这种情况下，加强学校知识管理，为教师提供研究指导、帮助和服务显得尤为重要。

做好学校教研科研的知识管理，学校领导管理者要重视教师的自主学习以及学习型组织的建设，强化教师的理论学习，扩大他们的知识视野，提高他们吸收、整理和运用信息的能力，使他们成为终身学习的典范。学校还要建立课题研究资料库、校本课程资料库、校本教学资料库等适合教师使用的、富有特色的学校教育科研资料库，以丰富的知识储备为教师开展教研和科研工作提供信息服务；通过专题研讨、教育论坛、论文交流与评比、成果展示、经验交流、编辑文集、出版刊物等活动，促进知识在学校成员之间的转化和共享；建立学校与高等院校、教育科研机构的合作机制，更好地实现外部知识向学校的输入；通过网络在线学习、专家引领、同伴互助等形式，实现教师与教师、教师与专家之间的沟通与交流，为学校教师在教研和科研工作中充分地利用知识信息提供更加高效便捷的渠道。

（3）组织与制度的管理。

第一，组织管理。作为一种社会组织，学校将与学校生存和发展密切相关的人、财、物、时间、空间、信息等因素按照一定的原则有机地联系起来，建构起一个开放的系统。教研和科研组织是其中一个子系统。学校教研科研的组织管理首先要建立学校教研和科研组织管理机构，其中主要是学校的教研组和教育科学研究室（简称教科室）。这些机构是学校管理教研科研工作的具体执行部门。为提高其工作效率，学校应健全其内部机构，配备一定数量的管理和工作人员。学校还要为他们提出工作目的和任务等要求，并对这些组织的工作进行指导、监督、检查、评价。同时，学校要为这些组织的正常运转提供较为充分的资源，如经费、设备、信息等支持。

第二，制度管理。制度是学校教研和科研工作健康发展的规范性保障。学校教研科研的制度管理，就是要建立、完善以及有效地执行关于教研和科研的规章制度。学校教研与科研管理的规章制度主要包括以下方面：①发展规划制度。学校要根据整个教育系统和学校发展规划，对教研科研工作做出一定时期的总体部署。②目标考核制度。学校把教研和科研的目标达成度列为学校管理和办学水平的考核指标，作为教科室、年级组、教研组和教师个人业绩考核指标。③学习制度。包括组织常规性的学习制度、教师自主学习制度、教师参加教育行政部门组织的校外教师培训制度等。④课题管理制度。目前，许多学校都开展了教学研究和教育科研的课题研究。因此，学校应该建立教研和科研的课题管理制度，主要包括课题申报和备案制度、研究实施之前的课题开题制度、研究中期的交流汇报制度、研究结束后的课题成果鉴定、评价制度等。⑤保障制度。主要包括学校教研与科研管理组织的建设制度、研究经费管理制度、教研与科研档案的管理制度、教研与科研工作的评价制度、教研与科研工作的奖励制度等。

（4）队伍的管理。学校管理的核心因素是人。要想做好教研与科研工作，就必须建设一支高水平的学校教研与科研队伍。因此，学校要制订相应的培养计划，包括教育科研队伍建设的目标、内容、途径、方法和保障措施等；制定相应的制度，规范和激励教师积极主动地提高自己的科研素质，以更好地从事教研和科研工作。同时规定学校对教育科研骨干教师的选拔、培养、任用、考核和奖励制度；要做好教师科研素质的提高工作，依据不同的培养目标和不同的培养对象，进行不同内容和形式的培训；定期组织教师外出参观考察，参加校内外有关学术会议，开阔视野，提高他们的自我反思及借鉴能力；根据学校的发展需求，适当地给教师分配一些力所能及的科研课题，让他们在研究中学习；聘请校外的专家或专职科研人员到学校指导教师开展研究。

（二）新时期高校教研活动的组织与管理

教学研究是学校的常规活动，建立相应的组织机构，以加强对教研活动的管理，一般分为决策层、管理层与执行层。学校教研活动的开展有赖于教研组建设的加强。

1. 高校教研活动的组织。一般情况下，高校教研活动管理的组织构成主要有以下方面：

（1）学校教研的决策层。学校教研的决策层，即校长。校长是学校教研活动的最高行政领导，也是教研活动的直接参与者。其主要管理职责为：组织规划教研活动；任免教学管理层面的主要负责人；指导和监督教研活动的实施；组织评价教研活动的质量；为教研活动的正常进行提供保障条件等。

（2）学校教研的管理层。教务处（教导处）协助校长具体管理学校各教研组、年级组的业务工作，是学校教研活动的直接管理机构，其主要职责是：制定教研活动的学年规划和学期计划；组织和指导各学科教研组教学研究活动；组织全校性的教学研究活动；主持召开各学科教研组负责人会议；分析研究教学研究的发展动态和存在的问题并予以解决；组织本校教师参加校外教学研究活动；为校长提供学校教学研究活动改革和发展的建议等。

（3）学校教研的执行层。教研组，全称"教学研究组"，是根据学科设置的教学研究单位，又叫学科组，是学校教学研究的执行层。一般情况下，同一个学科的教师构成一个教研组，如语文学科组、数学学科组、英语学科组等。对于学科规模小、任教教师人数较少的学科，或者学科教师较少的学校，也可以由相近学科的教师组成联合性的教研组，如生化教研组、音美教研组等。教研组由一名比较优秀的教师担任教研组长，比较大的教研组还会设一名副组长。在规模比较大的学校，教研组下面还会划分出一个小的二级组织——备课组，并设备课组长一名负责本小组的教学研究活动。

在教研组中，教研组长处于最高一级，直接对教导主任负责，其主要职责是：根据学校教学研究活动规划以及教务处的部署制订本教研组活动计划；组织实施本教研组教学研究工作；检查本教研组的教学研究进展情况；总结并向教务处汇报本教研组的教学研究结果等。副教研组长协助组长落实以上权责；各备课组起着承上启下的作用：一方面，负责执行教研组工作计划中所分派的任务；另一方面，负责制订本小组的活动计划，履行布置任务、检查反馈和总结工作的职能；组内教师则承担执行各级任务、完成各项指标的责任。

2. 高校教研活动的管理。

（1）高校教研活动的工作计划。制订教研活动的工作计划，是学校教研管理的首要环节。教研计划是教研组根据自身发展规划，结合某一学期的教学和其他相关工作，为有效研究教学问题而制定的学术活动的预设和安排。它有助于教研组全体成员明确自己在某一阶段的努力方向和内容，提高工作的主动性和自觉性，也便于教研组长对教研活动进行检查和考核。

一份好的学期教研计划，主要包括以下要素：上一学期教研情况、本学期教研工作的总目标及子目标；本学期教研工作的基本要求；重要教研活动的安排（包括教研主题、应该准备的教研资料、活动的时间与地点、活动的主持人及主要参与者、活动的主要形式与程序、预期的结果等），教研活动需要的保证条件，教研活动的成果及其表现形式等。

制订教研工作计划时，要注意四点：一是依据充分。教研组教研工作的计划，要依据教研组长远发展规划、教研组的实际情况等来制订，要承上启下，有连续性。二是重点突出。在一个特定的阶段内，要突出一个重点活动，用该活动重点带动一学期的教研活动。三是操作性强。学期教研计划要有具体的实施要求和措施。主要包含"六定"：定时、定点、定人、定主题、定质量、定措施。四是民主参与。教研工作计划要反映大家共同的心声和需求，让全体教师都有机会参与其中。为此应该善于设计让不同层次的教师思考或行动的活动点，体现合作研究、平等分享的原则。

（2）高校教研活动的组织实施。教研活动计划制订之后，就要组织实施。在实施教研计划时，首先要让教研组内的教师了解学期教研活动的主题、内容与实施要求，使大家有充分的准备，以积极的心态投入教研活动。在实施过程中，教研组长要发挥好控制、协调等职能，保证教研计划有条不紊地实施，同时还要兼顾工作质量。对于教研计划中的重点活动，事先要做好充分的准备，学校领导等管理人员在教研组实施教研工作计划的过程中，也要及时予以指导和帮助。

为了提高教研活动的效率，必须做到五点：一是活动实施之前要进行调研，摸清教师的认识和行为现状，了解教师的基本需求。二是做好活动方案，设计好教师的可参与点。三是精心准备。教研活动预设的目标都是为活动过程中教师思想观点的现场"生成"服务的，因此，教师事先要做好准备。四是营造对话氛围，让教师在活动中进行思想的碰撞并现场"生成"新思想。五是通过教研活动，让教师达成关于教学活动的共识，还要引领教师将这些共识转化为改进教学活动的行为策略。

（3）高校教研活动的检查。教研活动的检查是学校领导等管理人员或教研组自身了解教研工作计划实施情况，促进更好达成教研目标的一种管理手段，具有了解情况、监督考核、发现问题、及时纠正的作用。

教研活动的检查形式多样。从时间上来讲，可以是某一个具体活动实施过程中的分散检查、教研活动实施之后的集中检查，也可以是整个学期的教研工作结束之后的全面检查。从实施主体来讲，可以是教研组内的自查和互查、教务处从教学管理角度的检查，也可以是学校决策层或上级教学研究部门或教育行政部门对学校教研活动的专门检查。不同的检查方式具有不同的价值。

（4）高校教研活动的总结。总结是对教研组教研计划的执行情况和结果进行全面、公正地评价，一般是在学期结束前或新学期开始之前实施，目的在于为下一个教研活动管理周期提供有益借鉴，促进教研活动水平的不断提高。

总结的基本要求包括以下方面：一是目的明确。总结是对教学研究活动及其管理工作的再认识，它可以明确教研活动的经验和教训，总结教研及其管理工作的普遍性知识，以有效地改进工作。二是围绕目标展开总结。总结应该以计划中设定的工作目标为工作绩效评价的标准和尺度，避免随意性。三是以检查为前提。检查中所获得的事实、数据和信息，是总结的重要内容，也是在总结中对教研工作做出公正的价值判断的重要依据。四是以科学的理论为指导，并善于在总结中提升出理论。要运用教育科学、心理科学和管理科学等多个学科的理论知识分析学校的教研活动及其管理工作；总结时还要对大量分散、零碎的经验性材料进行抽象和概括，并凝练出新的学术观点。

（三）新时期高校教育科研的组织与管理

1.高校教育科研的组织机构。

（1）高校教育科研组织机构的设置。学校教育科研组织机构根据其承担的教育科研工作的性质不同可以分为三类：一是学校教育科研的领导机构，如学校教育科研领导小组；二是学校教育科研的管理机构，多数学校会成立专门的教育教学研究室；三是学校教育科研的执行机构，如教研组、备课组、年级组等。这些机构按管理层级划分，同样可以分为以下三个层次：

第一，学校教育科研机构的决策层。学校教育科研机构的决策层是学校设立的科研领导小组，一般以校长或主管副校长为组长。其主要职责是：把握学校教育科研工作的全局，领导和制定学校教育科研工作规划；确定重要的研究课题；建立学校教育科研的工作制度；审批科研计划，研究、检查和督导科研工作；保障研究经费的落实；决定学校科研成果的奖励以及重大科研活动；协调学校正式科研组织机构与非正式科研组织机构之间的关系，使之形成合力，共同完成学校科研任务。

第二，学校教育科研机构的管理层。学校教育科研机构的管理层，是学校的教育科学研究室。其主要职责是：负责全校教育科研工作的规划、组织和协调工作；拟订、实施学校有关教育科研工作的条例和规章制度；组织校级科研课题的申报、论证、立项、检查、成果评审和推广以及向上一级教育科研部门推荐立项课题、优秀成果等工作；组织教师学习教育理论；普及教育科研基础知识与方法；指导教师开展课题研究活动和总结经验；组织开展各种学术交流活动；根据教育改革和学校发展的需要，主持、参与课题研究；组织、承担上一级教育部门、科研机构下达的科研任务；搜集各类教育科研信息，为校长决策和开展教育教学科研提供服务；编辑学校教育科研刊物，组织教育科研成果评奖活动；完善学校教育科研档案管理等。

第三，学校教育科研机构的执行层。学校教育科研机构的执行层，是学校的年级组、教研组、备课组和相关管理处室等。各年级组长、教研组长和相关管理部门的负责人组织本部门力量组织研究工作，教师和相关管理处室的员工是学校教育科研工作的具体执行者。

学校中还存在教育科研活动的非正式组织，如群众性科研团队、课题研究小组等。这些组织具有自愿性和广泛性，可以激发更多教师的科研热情，使他们更加方便地开展符合自己特点的研究活动。

（2）高校教育科研组织机构的主要功能。

第一，管理功能。学校科研组织机构的管理功能是指学校教育科研组织机构为了实现学校教育科研的目标，有计划、有组织地对学校内部的人、财、物、时间、空间、信息等进行协调而产生的功效和作用，主要表现在对学校科研规划的管理、课题管理、成果管理、教育科研队伍管理、教育科研情报管理、教育科研经费管理和教育科研档案管理等方面。

第二，研究功能。这是学校教育科研组织机构最重要的功能，主要表现在：研究本校教育改革与发展中亟待解决的重大问题；分析学校现状，通过学习、借鉴、发展和创新，选择先进的教育理论和教育经验应用于本校的教育改革实践；总结本校成功的教育经验，从中探索促进本校教育发展的规律，丰富教育理论。

第三，培训功能。学校教育科研组织机构的培训功能主要表现在：组织教师学习先进的教育理论，转变陈旧的教育观念；指导教师掌握教育科研的基本方法，提高教育研究能力；帮助教师总结自己的教育教学经验或应用他人的先进教育教学经验，提高教育教学质量。

第四，服务功能。学校教育科研组织机构的服务功能是指学校教育科研组织机构通过教育科研为学校教育改革、教师专业发展、提高教育教学质量服务的功能。例如，为学校领导制定学校发展规划和进行决策提供咨询服务；举办教改信息专题报告会或编辑"教改动态"之类的信息，为学校教育改革和教育科研提供教育情报服务；进行课题研究，解决学校教育改革中的实际问题，为学校教育改革实践服务；发挥自身的培训功能，为教师专业发展服务；推广和应用教育科研成果，为提高学校教育教学质量服务等。

2. 高校教育科研的管理。

（1）前期管理。

第一，校外课题的来源。课题研究之前的前期管理是校外课题管理的起始环节，主要包括获得课题申报信息之后的选题、论证和申报工作。校外课题的来源主要有以下三种：

首先，教育科学规划课题。这是根据国家的科研发展规划，在教育领域设立的重要研究课题，包括国家哲学社会科学基金教育学项目；各省（自治区、直辖市）哲学社会科学规划中的教育学课题；教育部和各省（自治区、直辖市），市，区（县）教育行政部门设立的教育科学规划课题。

其次，教师科研的专项课题。这是为了推进各专项工作或为专门的科学领域设立的研究课题，如教育部人文社会科学研究项目，全国教育科学规划办公室与教育部人事司合作推出的"园丁工程"专项课题，与教育部体卫艺司合作推出的"学校体育、卫生、艺术和国防教育"专项课题、与教育部考试中心合作推出的"教育考试科学研究"专项课题，全国教育科学规划办设立的"外语教育研究"专项课题等。

最后，委托课题。这是学校受校外某些行政部门、企事业单位、科研机构的专门委托而开展的研究课题。除了委托课题之外，前两类课题的主管部门会每年发布课题申报的信息。学校获得课题申报信息之后，就要组织人力进行课题选题、论证、填写课题申请表等工作。

第二，选题管理。选题是课题内容与研究任务的高度浓缩与概括，是课题整体思想的集中体现。选题是课题研究中最为重要的一个环节。学校主要应该根据基础教育和学校的发展需要以及学校的实际情况确定有研究价值、具有实际意义的问题作为课题。选题尽量参照课题指南，但也可以根据需要和实际情况自设课题。

选题的基本要求：①科学。要选择教育改革和发展中的真问题进行研究；明确研究的时空背景和关键事件等研究条件，有可操作性。②新颖。新颖性选题一般是指尚无人涉足的学术处女地、学科前沿的理论探讨、老问题的新视察、新问题的发掘或新策略、新方法的运用以及海外新理论和新视点的引进推广。为此，要对准备选择的课题的研究现状进行收集和梳理。③适中。选题不要太大，也不宜过小，要做到以小见大，小而精深。④实际。选题要考虑学校的学术基础和优势。

第三，课题的论证与申报。选题确定后，学校要组织人力根据课题研究申报书的要求和内容，进行课题论证并填写课题申报书。不同来源的研究课题的申报要求不尽相同。但是，一般情况下，课题研究申报书包括以下内容：

其一，国际研究现状与趋势。国际研究现状与趋势旨在了解课题申报人是否对自己拟定研究的问题的现状有较为清晰的把握，是申报能否取得成功的基础性环节。

其二，选题意义。选题意义主要说明研究选题在学术（或理论）和实践方面的价值。

其三，研究目的与主要内容。研究目的是指通过课题研究期望达到怎样的理想状态，而研究内容是指在课题研究中主要研究哪些问题。

其四，研究的重点、难点与创新之处。具体指课题研究内容中应该着重解决的核心问题以及在研究过程中可能遇到的比较难解决的问题。一个课题研究的难点要明确，不能模棱两可；确定的重点不能太多，一般情况下 1~2 个较为适宜。课题研究中，往往重点和难点是一个内容，但也不完全一样，通过重点和难点的确定，就能够找出本课题研究的特色。

其五，研究设计。研究设计是对课题研究操作的思考，主要包括研究思路、主要方法、进度安排等。研究思路要反映研究问题的操作顺序，有清晰的逻辑线索。研究方法是课题研究采用的主要方法，要清楚这些方法在课题研究中的使用目的和范围。进度安排的阶段性要强，在每一阶段要突出一个重点，阶段与阶段之间要有连贯性。

其六，研究基础和参考文献。研究基础包括前期研究状况、研究队伍、研究的保障条件等。前期研究状况主要指课题组成员已经做的与课题研究相关的工作以及取得的成绩或成果，目的在于让评审专家知道学校选取的课题是有研究基础的，而且有能力完成研究任务。在这部分要列举一定数量的、与课题研究关系最为密切的参考文献。研究队伍主要是指课题研究成员。论证内容主要包括课题组成员的学术背景和研究经验及课题组的组成结构（职务、专业、年龄等）。课题组成员不要太多，所有成员必须是直接参与课题研究的人员。研究的保障条件主要是要学校能够保证课题研究的顺利开展而付出时间、经费、图书资料、实验条件、设施设备等。

其七，预期研究结果及其去向。预期结果包括阶段性成果和最终成果，前者反映的是课题组成员在研究过程中取得的成绩，后者是整个课题研究成果的集中反映。成果可以是学术论著、学术论文、调研报告，也可以是优秀课例、实验报告等。研究成果的去向是要说明课题研究所取得的成果可以用于哪些领域。

其八，研究经费预算。研究经费是课题顺利实施的重要保证。在进行论证和填写课题研究申报书时，要严格按照有关管理办法中规定的项目去填写；各项经费预算要有依据；申请经费的额度要以能够满足课题研究所需为标准；经费预算要留有余地。课题组要对上述内容进行详细论证，然后认真填写课题研究申报书。填写之前一定要阅读并理解相关要求。经费额度、论证字数等要特别注意。提交的课题申报书表要内容完整、形式美观。

完成了课题论证和课题申报书的填写工作之后，还有一个课题申报程序。在课题申报材料报送之前，学校科研主管部门或教研室应对教师申报的课题进行形式审查，确保课题申报材料的真实性和规范性。审查合格的申请材料，加盖学校科研主管部门或学校公章后，即可报送相关部门。

（2）过程管理。学校申报的课题研究申报书，主管部门会组织专家进行评审，按一定比例确定拟立项资助项目，经报批与公示后发布正式立项名单。学校课题获准立项后，就要组织实施研究。这期间的管理工作主要有课题开题、中期检查、课题结题与鉴定。

第一，课题开题。开题是课题研究实施的第一个环节，其目的在于对课题研究做进一步的论证和设计，使研究更具可操作性。通过开题，还可以使课题组成员对研究的目标、意义、内容、方法、步骤等有更清晰的理解和把握。课题开题一般以会议的形式举行，由学校教育科研主管机构组织，参加人员除了课题组成员外，还包括学校教育科研管理人员和评议专家。

课题开题的主要程序是：①会议主持人介绍参加会议的人员；②学校主管领导宣读课题立项通知；③课题负责人做开题报告。开题报告一般包括研究目的或选题意义、课题价值、课题研究的条件、课题国际研究现状、课题内容、研究方法与技术路线、预期成果、研究阶段与任务分工、经费预算等；④评议专家就课题研究提出意见和建议；⑤与会人员就课题研究进行讨论。

课题开题管理，是促进教育科研向规范化、科学化、效率化发展的重要举措，学校教育科研管理部门要认真对待、精心组织。开题前要认真审核课题负责人撰写的开题报告，务求报告全面、翔实、规范。开题会要突出求真务实、力求实效的学术研究氛围，确保与会人员充分发表意见，集思广益，使开题为课题研究起到厘清思路、聚焦重点、合理分工、指导实施的作用。

第二，中期检查。中期检查是课题研究实施过程中的常规性管理。中期检查前，要求课题负责人撰写中期检查报告。报告内容包括研究工作主要进展、阶段性成果、主要创新点、存在的问题、重要变更、下一步计划、可预期成果等。中期检查形式多样，其中最普遍的方式是召开中期检查会议。会议由学校教育科研管理机构组织，参加人员包括课题组成员、学校教育科研管理人员、评议专家以及关注课题研究的相关教师等。

会议的主要程序是：①介绍参加中期检查评议的专家；②课题负责人汇报课题研究的进展情况；③专家进行检查和评议；④与会人员就课题下一阶段研究的问题及策略等进行讨论。

第三，课题结题与鉴定。课题的结题与鉴定是当课题研究结束后对课题研究计划执行情况以及研究成果的终结性的评估验收。主要包括以下三个环节：①课题组向主管部门提出结题鉴定申请，按要求提交结题（或成果鉴定）申请报告、课题最终研究成果、阶段性研究成果、结题报告等相关材料。②主管部门对课题进行鉴定验收。鉴定的方式一般包括通信鉴定和会议鉴定。专家在鉴定后要对课题研究及其成果写出鉴定意见，并对课题研究能否通过验收做出判定。③主管部门汇总专家的鉴定意见，发布课题鉴定结果。通过专家鉴定即可结题。

（3）后期管理。

第一，课题研究成果的登记和归档。学校科研成果是指学校教育科研人员或教师对教育科研课题或现象进行研究，获得具有一定学术意义或实用价值的创造性结果。成果的基本表现形式为著作、论文、研究报告、调查报告、实验报告、软件、工具书等。

对科研成果登记与归档是学校科研管理的必要内容。及时、准确和完整地统计学校科研成果，促进科研成果信息的交流，助推科研成果的宣传与转化，也为学校推荐科研成果奖励做好前期工作。应用类科研成果（如研究报告、调查报告、实验报告、软件等）在登记时，要提交相关的评价证明（鉴定证书或者鉴定报告、教育科研项目验收报告、采纳证明等）；理论研究成果（如科研论文、著作、工具书等）在登记时，需要提交公开发表或出版的刊物的原件与复印件、各种学术评价意见及成果发表后被引用、转载的证明等。学校科研管理机构对提交登记的成果进行分类整理，审核确认后予以入库归档。

第二，科研成果的推广和运用。学校科研成果的推广与运用是学校教育科研工作的重要内容。推广工作要以实实在在的效果为基础，精心策划，认真组织，科学实施。学校科研成果推广与运用的形式很多，通常包括的方式有以下几种：①直接转化式——把科学的结论直接运用于教育实践活动；②交流启发式——通过公开发表、论坛发言、多渠道推广等方式，运用理论或实践成果去影响他人；③形成研究报告或政策建言提交给相关管理部门，直接为教育决策服务。

第三，科研成果的评奖和申报。设立优秀成果奖是教育科研主管部门或相关组织为了对优秀研究成果进行奖励和表彰而设立的，体现了政府或社会对研究成果的认可，也是为了鼓励科研人员继续潜心科研。

教育科研优秀成果奖的主要来源有四个：上一级教育科研管理部门；学校本身；群众社团、学会等民间行业组织；学术论坛等学术交流平台。优秀成果的评奖范围一般包括公开出版的著作、工具书、论文，调查报告、研究报告、实验报告等。

学校教育科研成果奖的申报程序是：①申报者填写由上级教育科学规划领导小组办公室或相关机构统一印制的教育科研成果奖励申报评审书；②学校教育科研管理机构对申报书审查后加盖公章，签署意见，然后将评奖材料（包括申请评审书、所报成果及其社会反响等）统一上报；③教育科研管理部门或相关机构组织专家进行评审；④优秀成果奖组织单位或教育行政部门对获奖成果下文表彰并颁发荣誉证书，并以一定形式和方式向社会发布与宣传。

第 四 章

新时期高校学生生活与心理健康管理

一、高校学生管理的理论依据

（一）高校学生管理的机制

1. 学生管理的重要作用。重视高校学生政治思想工作的重要作用，这是一项复杂的社会系统工程，需要各方面力量、学校各个部门齐抓共管、整体联动，否则容易发生系统性风险。而高校的改革与发展与整个社会改革与发展呈正相关关系，因此，高校学生管理工作要受整个社会政治、经济、文化等外部环境的影响和制约。当我国法治、制度建设，政治体制改革使高校达到公平竞争、个人充分发挥特长的状态，并且高校拥有完善的内部治理结构时，高校学生管理工作会更加高效、顺畅、经济。

在适应社会的发展和完善学校各项硬件设施的同时，要特别重视高校学生政治思想工作的重要作用。高校学生政治思想工作在规范性的基础上具有强大的能动性和示范功能。做好学生政治思想工作，能对整个社会的精神文明建设起着引领、示范、辐射的作用，能使高校生站在更高的层面，开拓视野，培养创新精神，形成更崇高的理想和价值准则，从而影响和推动社会的发展。高校是创造、选择、演绎和传播文化的重要阵地，是孕育新思想、新理论、新发明的基地。高校通过学术研究和文化传授以及学生的实践，能创造、提供有利于社会健康发展的舆论力量、价值观念、文化氛围和道德准则。

德育课教学是高校学生政治思想工作的重要内容。在全球化进程中，不同国家、不同民族的道德价值标准经常发生碰撞，科学技术的进步时常把人们置于伦理道德的两难境地。这需要德育教师对不同的道德价值标准有鉴别、整合能力，并建立起有利于民族发展、社会进步的新的道德价值体系；同时要求高校德育教育能站在历史的高度放眼全球，以战略的眼光，既弘扬时代主旋律，又兼收并蓄，用事实讲话，用知识服人，以充分发挥德育教育功能。

发扬高校学生政治思想工作的重要作用，必须重视教师思想道德建设。教师应爱护自己的工作岗位，爱岗敬业。教师在完成工作量的前提下可以利用专业特长服务社会，获取收入。其他行业的人也可以进入教师队伍。教师是学生政治思想工作的主体，教师不仅要有广博的知识，还应有高尚的人格，具有时代创新精神。育人是教师应尽的职责，是其职业道德的基本要求。教师在课堂上和日常生活中的言谈举止对学生的影响和示范是较大的，应扭转当前有些教师只教书不育人的现象。对师德建设，应进行系列制度安排，建立激励和约束机制，使其规范化、制度化。最后建立起一支在流动中体现价值、保持动态稳定的高素质的职业教师队伍。

2. 完善改革体制。

（1）加快高校后勤社会化步伐，深化高校改革的瓶颈制约。高校后勤社会化改革的深化是高校改革的一个重要方面。后勤保障是高校扩招的前提，师生在校的住宿、吃饭问题将影响学校的稳定。

（2）加快学生管理体制改革，努力实现"三个转变"。随着我国高等教育大众化步伐不断加快，高校还将持续扩招，而且为了提高办学效率，高校还在实行人事分配制度改革，这些都将使师生比逐年递减，单纯靠管的方法已经不能适应高校的学生管理工作现状。广大教师必须增强服务意识，由"管理为主"型转为"以服务为主、管理为辅"型。同时要增强学生的主体意识，引导他们根据自己成才的需要，主动向老师咨询相关问题，由被动型成才向主动型成才转变。学校要加强硬件建设，针对学生的心理问题、就业问题、文体活动等成立相应的指导中心，如心理咨询中心、毕业生就业指导中心、文化活动中心等。

（3）转变机关职能，简政放权。由于院校调整，招生规模扩大，学校的管理不能仅在原有基础上进行简单的人员合并、工作加减或重复，而应将继承与创新并举。针对新情况，适应新变化，将学生管理中的责、权、利有机地结合起来。目前各高校职能部门的权力仍与改革前一样集中，而办学的规模已经扩大。权力的过分集中不利于下属部门开展工作，而职能部门要应付很多日常事务，也无法了解太多的基层学生工作。因此，学校职能部门领导的主要工作应是制定目标和任务并负责检查督促，对全校学生工作进行有序调控，同时要赋予学院或学生管理部门一定的权力，包括活动经费、组织协调、人员选用、考核评比等。

3. 规范学生工作队伍管理体制。规范学生工作队伍管理体制，建设一支稳定的学生管理干部队伍。学生管理干部队伍不稳，主要是传统观念没有把学生思想政治工作当作一个终身岗位。这是一个观念问题。虽然很多高校认为学生思想政治工作比较重要，但学生工作干部的待遇并未得到很好的解决。与业务人员相比，学生政工人员在评职称尤其是高级职称时很难，他们也很少能申请到课题。因此，学校应积极创造条件，采取切实可行的措施，支持和鼓励政工人员从事有关学生管理和思想政治教育学基本理论、应用理论的课题研究，鼓励其考管理类、政工类研究生，从根本上解决政工队伍中人心思走的问题。

4. 改善班主任工作的管理。改进和加强班主任工作，班主任是学生工作队伍的重要组成部分，是学校派到班级进行思想政治工作，指导督促学生完成在校期间学习任务，引导学生德、智、体全面发展的教师，是沟通学校、院（系）、学生之间的桥梁和纽带，是班集体的组织者和领导者。班主任在学生中起着重要作用。因此学校要加强班主任工作的管理与考核，从专职教师、教辅人员、机关干部中聘任一些热心、责任心强、严于律己、作风正派、有敬业精神和工作能力强的同志担任班主任，班主任在开展工作时要努力学习现代思想和哲学、教育学、伦理学等基本理论知识，要善于分析学生关注的社会现实热点问题，能够将理论和实际相结合说服学生，能够用科学的理论观点回答并解决学生生活中遇到的困惑和问题，要重视发挥学生骨干在班集体中的作用。调动青年学生自我教育、自我管理、自我发展的积极性，班主任要深入到学生的班级、宿舍中了解、掌握他们的学习、生活情况。校、院（系）领导应重视发挥班主任工作考核机制的作用，定期进行量化评比，大力表彰奖励优秀班主任，把班主任工作切实抓好。

5. 发展校园文化。大力发展校园文化，校园文化是校园建设、校园环境、校风、学风、学术等文化氛围的综合反映，是与一定社会政治、经济、文化制度相适应的，校园文化又是主导、推动一定社会制度创新的具有人文氛围的文化。校园文化建设，以高校师生为主体，以推动历史进步为最高目标，以人文关怀为基本要求，以校园精神文明建设为重要内容，是高校学生管理工作的小环境和重要衡量指标。切实加强校园文化建设，要求高校政治方向明确，学术氛围健康，道德风尚崇高，人文气氛浓厚，这样才能对学生的思想观念、价值取向、精神状态、心理素质、行为方式等进行良好的塑造。落实到学生管理工作，其具体要求就是：教书育人，管理育人，服务育人，环境育人。

校园文化建设的重要内容是团（团委系统）学（学生会系统）工作。团学工作对学生的管理和服务最为直接，为学生提供了自我管理、自我服务、自我约束、自我成才的舞台。团学工作能通过一系列具体活动引导、规范学生的言行。团学工作必须强化服务观念，要做到整体工作社会化，具体活动个性化，经费来源多元化，做到以教学科研促成长，以社会实践促发展，以文体活动增才干，以思想建设促品格。总之，团学工作要紧扣时代主旋律，充实、丰富校园文化生活的内涵。

6. 推行社区管理模式。突出学生社区作为高校生在校期间的主要活动场所的功能，除了休息、娱乐以外，更应重视体现社区教育、服务、管理三位一体的功能，逐步推行社区管理模式，使社区成为学生素质教育的主要阵地。

（1）选拔辅导员进驻学生社区，成为社区辅导员，与学生同吃、同住、同生活。社区辅导员要发挥桥梁作用，主动了解学生思想动态，配合学工处、各学院做好工作；社区辅导员要主动开展一些适合学生的社区活动；社区辅导员要接受系统的心理咨询训练，主动与学生谈心；社区辅导员要抓制度落实，充分发挥制度杠杆的导向作用，学生在社区的表现要与综合测评挂钩，作为评奖评优、组织发展的参考依据；社区辅导员既要做学生的朋友，又要树立个人威信，通过各种有效的奖惩措施，推进社区管理工作。学生社区管理工作的指导思想是：通过在社区开展学习、文化娱乐、生活等各个方面的活动，建立"学习型的社区"。

（2）在整个社区建立团总支，在各栋楼建立团支部，在各层楼建立团小组。团总支的主要任务是负责社区的各种学习、文化娱乐活动，通过开展大量的活动来弥补学分制下由于打破原来的体系而造成的真空。

（3）设立公寓管理委员会，主要负责整个公寓的文明行为督察、卫生督察、勤工助学等，保障社区能顺利、安全有序运作。

（4）在社区设立社区咨询室，主要是业务导师、心理咨询员和社区辅导员来解答学生的选课疑问、解答学生的其他疑问以及对学生进行心理咨询。

（二）高校学生管理的原则与依据

1. 高校学生管理原则。原则是对客观规律的反映，是观察问题和处理问题的准绳。高校学生管理的基本原则，是指高校在对学生实行全面管理和全程管理的过程中，观察、认识和处理各种矛盾和问题所必须遵守的基本准则，是对学校各级、各方面管理人员进行科学化管理所提出的基本要求。高校学生管理的基本原则，是以社会主义高等学校人才培养规格为管理目标，以教育科学和管理科学理论为依据，在长期的管理实践中，认真总结学生管理活动的经验教训，不断归纳提炼出来的，是学生管理活动发展到一定阶段的必然产物，它有着丰富的内容，是一个多层次的、相互联系的完整体系。

高校学生管理基本原则，集中体现了学校管理的基本规律和本质特征，在整个学生管理过程中起着重要作用。学校各类管理人员，在工作实践中，遵循着某种原则，而只有在科学的原则指导下，才会使学生管理工作更有效，才能实现管理的目标。高校学生管理工作涉及学生的各个方面，它包括学生行政管理、学习管理、生活管理、思想政治教育管理、校园文化活动管理等，其内容包罗万象，涉及面非常广泛，因此，要使整个管理工作有序进行，实现高校学生管理的科学化、系统化和规范化，就必须认真贯彻执行学生管理的基本原则。

随着高校扩招、高等教育规模的扩大、高等教育由精英教育转向大众教育以及高等教育改革的不断深化，新事物、新问题不断涌现，高校学生管理面临许多新的矛盾、新的课题，面对这些新矛盾、新课题，高校学生管理工作者必须把握方向，明确目标，遵循学生管理的基本原则，勇于探索实践，一切从实际出发，深入研究学生管理的实践活动，坚持学生管理工作按客观规律办事，使学生管理各部门的工作协调一致，相互配合，从而保证学生管理目标的实现，为社会主义现代化事业培养优秀的建设者和接班人。

2. 高校学生管理的依据。高校学生管理基本原则的形成具有很强的实践性，它源于实践，具有充分的实践依据；同时，它又以教育科学和管理科学为理论基础，有着充分的理论依据。

（1）理论依据是人的全面发展理论和教育方针。我国社会主义大学的性质决定了我们必须确保学校培养出来的大学生是具有较高素质的人才，大学生不仅要有扎实的科学文化知识和健康的体魄，而且必须具有高度的社会主义觉悟，即要有理想、有道德、有文化、有纪律。造就全面发展的人，是高校的培养目标，是办社会主义大学，培养新世纪建设者和创造型人才的出发点和归宿点。社会主义学校进行学生管理的基本原则，就是要以"以人为本"的思想及教育方针作为理论依据。

（2）科学依据是高等教育科学和现代管理科学。高等教育具有自身客观存在的规律性，只有认识和掌握这些规律，并按照规律办教育，才能确保培养目标的实现。高校学生管理作为高等教育的一个重要组成部分，必须遵循高等教育的客观规律。高等教育规律分为外部基本规律和内部基本规律。外部基本规律揭示了教育与经济的外部关系，主要反映教育在国家建设和社会发展中的地位和作用、教育投资的经济和社会效益、教育的主要社会职能等方面。尽管在教育、经济与社会文化等诸多关系中，它们存在着相互影响与制约的作用，但总的来说，在经济、社会文化与教育的相互关系中，是经济、社会文化决定教育而非教育决定经济、社会文化。因此，随着经济、社会文化的变化，教育也将发生变化以适应和服务于经济、社会文化。作为高等教育中的学生管理，当然也如此，一部中外的教育史，往往折射出中外的经济和社会文化变革史，这是高校学生管理者必须明确的。内部基本规律揭示了教育的内部关系，主要反映在培养目标，不同专业人才的培养规格、途径与方法等方面——这些与社会的变化密切相连：科学的发展，促使教育手段的优化，科学的发展和社会的变革，对人才提出了新的要求，促使教育的培养目标发生变化。高校学生管理必须遵循教育规律，要根据我国高等教育发展的状况，充分认识高级专门人才培养对发展社会主义市场经济所起的积极作用，使高校培养的学生主动适应社会的需要。

要进一步明确社会主义高等学校的培养目标和人才规格，端正办学指导思想，正确了解德、智、体三者的关系，积极探索更为有效的管理途径与方法，使高校学生管理系统化、科学化和现代化。

运用现代管理科学的理论与方法对高校学生进行管理，是时代发展的必然要求。现代管理科学作为高校学生管理原则的依据，就是在制订学生管理基本原则时，使学生管理队伍的组织机构严密、管理制度科学、人员分工合理、职责范围明确、奖惩分明、动作协调、工作高效。高校学生管理人员要善于运用现代管理科学的系统整体性原理、要素有用性原理、动态相关性原理、人的能动性原理、规律效应性原理、时空变化性原理、信息传递性原理、控制反馈性原理等，使学生管理组织系统化、管理决策科学化、管理方法规范化和管理手段现代化。

（3）实践依据是我国高校学生管理的经验与教训。坚持社会主义大学管理的基本指导思想，就是要确保社会主义大学的社会主义方向，调动全校师生员工的积极性，为培养全面发展的新世纪的建设者和接班人而不懈奋斗。一切管理工作都要根据对应的方针、政策去组织和实施。各项规章制度的制定都要有利于调动广大师生员工建设社会主义的积极性，有利于合格人才的培养，为社会主义市场经济的建设和发展，为社会经济协调持续发展和全面建设小康社会服务，这是确立高校学生管理基本原则的立足点。

高校学生管理工作应当规范化、制度化，把符合社会主义方向的，又经实践检验的，较为成熟的民主管理和科学管理体制、程序、办法用制度形式固定下来，规范工作流程。其核心是责、权、利相结合，使制度的思想性和科学性相统一。坚持实践第一的观点，理论联系实际，面向社会，实行教育与生产劳动相结合。社会主义高校培养的人才，必须适应经济和社会发展的需要，在思想上要有高度的社会主义觉悟，诚实守信，敬业乐群，有奉献精神，在业务上既要有较好的理论素养，又要有较强的分析问题和解决问题的能力，还要有脚踏实地的实干精神和开拓创新的能力。

二、新时期高校学生日常生活管理

（一）新时期高校学生日常生活管理的特性与功能

1. 新时期高校学生日常生活管理的特性。

（1）全员参与性。学校管理工作的核心是育人，学校作为人才培养的场所，具有集中性、系统性、交互性、信息资源因素等特征，而高校学生日常生活教育管理受其多维度因素的影响，因此离不开全员参与。学校日常生活管理中，应当将育人作为主体，以信息交换渗透、影响其他育人资源。有吸引力的学校，应集合个体，与其相互依存，不可分割。校园作为立德树人的场所，要精心为学生思想品德的培育和养成铺设一条成长之路，通过教师的循循善诱、潜移默化地影响学生，以此促进德育工作的落实。以生为本的全员育人思想观，在当下所倡导的思想境界中，被提上高校日常管理的实践维度。高校应当发挥其本职职能，践行人才培养目标，以科技作为支撑，汇聚优质资源，应用整体有机的育人模式，协同其社会服务特性，处理好自身责任和义务间的关系，从而获得光荣感和幸福感。知识传授、思想启迪、道德养成、文化传承，共同形成了全新的"全员育人"体系，高校全体教职工共同达成"教育渗透德育、全员做德育、时时做德育"的目标。"全员育人"广义指由学校、家庭、社会、学生组成的"四位一体"的育人机制。随着下一步工作的有序开展，"全员育人"需依靠全体教职工来实现。

"全员育人"的管理机制，是以个体为集合对象，以高校为场所，以"办学理念、管理制度、环境布置、课程设置、教学组织和活动"作为管理核心。学校作为专职教育单位，应把德育工作放在学校工作首位，坚持教书育人、管理育人的工作方针；加强上下联动、积极建设德育工作骨干队伍；注重教师的言传身教、身体力行，以此促进德育工作全面落实。

"全员育人、全程育人、全方位育人"的综合育人体系,汇聚学校主要机构及其职能的力量,同时联动教师及社会各方力量。在日常的结构框架中,以整合资源、互相配合、集中育人的改革新创举,发挥合力优势。在体系管理范本中,还有管理、服务、教书等作为助力。全员参与管理是以学生群体为核心,多元参与为协同力量,因此有必要强调整体性和群体性。

(2)对话平等性。

第一,创设"聊天"式的教学情境进行平等对话是人类从发明语言时就沿袭的传统,是人类社会性的体现,更是人类社会发展智能性的体现。每个人都是生活的主角,以人为本的育人观,应是教育界所倡导的平等自由话语权的体现。受教育者作为教育的客体,有必要感知生活,服从主体,勤勉地在日常生活实践中,正确处理好教与学主次之间、主客之间的关系,最大限度地提升自我管理效能。

第二,大学生日常生活管理育人的特殊性,决定了教师的特殊地位,即作为教学的执行者和领导者,具备管理育人法定代表人的地位,同时受其职位影响,需要学生作为评判指标和教育对象。

第三,主客之间的矛盾若无法消解,会使德育资源陷入困顿、僵化,也会使教育育人的平等性效果有一定局限性。鉴于此,平等育人要求的效果也需及早实现。

同伴教育是具有相似年龄、相同性别、相同背景或共同经历、相同兴趣爱好等共同语言的人在一起分享信息、观念或行为技能,以实现教育目标的一种形式。此种形式有利于提高学生自主性,使主客之间由被动变主动,在平等的对话中,使得服从变信服成为可能,也有利于打破原始关系的权威障碍。这一关系的改善,有利于高校学生以最佳状态投入学习。同伴教育在形成良好教育局面的同时,因其育人方式的不同,极大程度地改善了师生关系,使"教与学"得以顺利进行。管理者在获得掌控权的同时，因对动态资料的取材和相关措施的落实，都取决于生活，极易放松自我要求，不能从根本上促进自我德行的进步，这一点尚需进行改进。

第四，树立全员育人、环境育人、实践育人的新理念。只有以教育环境平等为基础，才能在生活化的场景实践中，更具教育指导价值和说服力。加强高校学生思想道德教育，有效地对学生进行正确的思想道德教育，以"小圈子"教育机体为核心，构筑复杂庞大的关系网，在关系网中，形成相互依存、共同进步的前进态势。基于上述关系分析，"全员参与"的高校管理观，要求高校管理工作建立在道德基础之上，形成一种道德自我约束和共同约束的教育过程，在管理者与被管理者互动过程中，要倾注自身情感。学校管理工作提上日程，不仅需要正确处理好主客之间的主被动关系，而且更需以平等性的形成形式投放到日常生活中。

目前的育人环境，面临复杂的局势，教育者与受教育者及其管理者和被管理者之间的角色判定受其自身生长环节、年龄层区分、自身素养乃至家庭情况影响。育人工作需要发挥学生主人翁的作用，从而在责任承担方面得到社会的普遍认同，并成为德育工作关系中处理较为得当的部分。因此角色意识的转变，对于强化高校实践管理工作的责任意识来说有更为彻底的作用。

2. 高校学生日常生活教育管理的功能。高校学生日常生活教育管理作为客观存在的综合现象，必须在日常实践中承担相应的职责，其对教育的影响必然是独立的。通过深入分析高校学生日常生活管理教育的各项功能，参照现实日常生活，就可以实现具体功能的精细化定位目的，这不仅可以增强对高校学生日常生活管理教育内涵的理论性和建设性理解，还可以提高对于其教育目标的实践性分析能力。

（1）求真。高校文化的核心价值理念是求真，这一点是高校与其他社会机构的本质区别所在。在高校日常教育中，不仅在知识上要不断追求真理，而且在日常生活管理中也要坚持求真求实的理念，以求得还原高校文化的本质，培养更优秀的现代"真人"。"真人"不仅要求其办实事，说真话，而且要求其永远保持一种追求真知，为真理奋斗的热情，这是一类具有完美人格和高超本领的人。通过培养日常生活中的求真理念更有助于培养现代"真人"。

第一，在日常生活管理中要坚持按照培养"人中人"的思路，不仅要注意全面提高和健全高校学生的人格，而且要关注其健康人格教育的逐渐完善。各高校机构必须重视高校精神与高校之道，加强对高校学生日常生活教育，促使高校学生做到安于道德生活，亲民爱民，不因一味追求成为"人上人"而追逐名利，争取成为合格的社会主义接班人。

第二，一个良好的道德环境可以为培养优秀的现代"真人"提供一个良好的土壤环境。我们生活在集体的生活中，追求成为优秀的真人并不是要与社会生活脱节，而是要求我们严于律己，在生活中更加慎独、顿悟，脚踏实地生活。这样才可以在社会中保持本真，克服市场带来的势利观念。

第三，培养健全人格，首先要求我们必须是立体的个人。日常生活为个人的存在提供了天时地利人和的时间和空间，不仅有助于其实现德、智、体全面发展，而且有助于找到更合适的方式促使其在多元领域内实现全面自由的发展。

（2）隐性。在高校学生的日常生活中进行管理教育的优势之一是日常生活的日常性所带来的得天独厚的教育无痕性。高校学生每天都可以生活在良好的环境氛围中，这种日常性正是学生独立个体的本真展现。社会道德和自我道德的约束及各种综合作用以及求真观念的渗入，无形中影响了老师和学生的人格。这种影响是隐形的，一方面，这种行为不是刻意为之；另一方面，其带来的影响也是潜移默化的。

生活的本质意义不是为了教育别人，更不是被别人影响。正因日常性所带来的隐形影响是无意为之，受教育者会感到轻松，不会产生特别的精神负担或者心理压力。在不知不觉中影响受教育者，不会导致其产生逆反心理，这种无意识的渗入相对于较强势、有意识的教育，显得更加温和和隐蔽，所有的过程都是潜移默化的。隐形教育的隐蔽性可以更好地实现教育目的。高校教育的日常性虽有得天独厚的环境优势，但并不代表其没有负面影响。道德修养的建立需要良好的环境，也需要健康良性的管理方式和教育方式，隐形教育就需要把这两者结合起来。

日常生活教育的无痕性优势正好可以为高校的日常管理实施隐形教育提供条件，使高校的道德教育在无形的环境中实施。可以通过制度规范、文化娱乐等方式将道德教育渗透到高校学生的学习和生活之中，在日常生活中为商业学院的学生提供价值指导和动机指引，将道德教育和学生日常管理结合起来，使他们在循序渐进、寓教于乐的无形引导中受到教育和启迪。单独的个体只有在充分认识到行为的目标和结果之后，才会顺其自然地承担起自己的责任，这是正式教育的传播机制无法实现的教育效果。另外，工作方式和工作内容也需相对应做出改变，不仅要合理安排日常生活中可以使用的资源，必要时还需要配置合适的引导手段，以通过尽量减少不良道德因素的影响来达到将日常生活中的正面影响无形放大的目的，日常生活管理是非权力影响力的主要来源，这与依靠权威强制性要求所带来的影响是有本质区别的。这种综合了品行、才华、理论以及修养等各种因素影响后的作用，远远大于依靠权力因素所带来的效果。品德因素正是非权力影响力的本质要素。

（3）濡化中介。濡化，即通过某群体的文化习俗来影响个体的选择和行为的过程。作为人类，其属性中包含了社会性的特征，这是一种特定的文化，我们必须认可并接受它。作为这种社会化环境下生存的生物个体，人类社会化就是适应社会并被社会认可的过程。由此可见，社会化贯穿人的一生，人的每一阶段的成长都伴随着不同的社会化属性和任务。作为高校学生，正处于人生当中的特殊时期，一方面，他们渴望独立，希望可以自立自强，不再依赖父母的帮助和受到父母的影响；另一方面，他们渴望得到同伴的理解和鼓励，需要和志同道合的伙伴一起去探索人生的乐趣。因此，这是一个独立的个体完成社会化的关键时段。通过完善高校日常教育，高校学生可以接受社会化的日常道德和技能的训练，从而获得通向社会的通行证，通过自我努力实现自我满足。

目前，还是有许多的高校教育管理者缺乏对高校学生日常生活社会化的认知，不够重视其关键作用，对社会化的影响力和涵盖广度和深度认识不足。这些不成熟的观念可能会导致其在日常管理工作中存在错误的认知，误以为社会化是高校学生群体先天具备的合理基因和基本功能，无须引导就可以自动化完成；还有一种错误的理念认为社会化的过程其实就是高校学业教育完成的过程，只需要关注高校学生的专业学习能力即可，而缺乏对其综合素质的培养，例如，高校学生在基本社会习俗和常识方面缺乏必要的训练和引导，对于成人社会中的基本礼仪和生存知识缺乏规范和教育，这会导致部分高校学生踏进社会后，出现社会化不足的问题，以至于影响其日后的长远发展。教育的本质属性是通过文化影响个体选择的过程，高校学生要顺利完成社会化过程还需学校提供塑造社会化的氛围和进行恰当的指引。

对于高校学生而言，从学生转变为社会人士，是复杂且艰难的，顺利完成这一个过程的转变所需要学习的社会化内容非常广泛，这些内容涉及价值观、能力、心理素质和社会角色的不同方面的社会化转变。其转变可能是被动的，也可能是通过自觉学习锻炼而来的。在大多数情况下，这种影响都是自我主动选择的过程，学校的日常生活教育就是通过正确的指引将这种原始的自发性行为转变为积极地自我觉醒行为。一方面可以采取有效的引导和管理服务；另一方面也可以增加高校学生社会化转变的锻炼渠道，减少不良因素的阻碍，以实现培养高校学生良好转变的教育效果。社会化的基本方式和特点就是不断重复，通过"教育与生活息息相关，学校与社会不可分离"的理念指引，有意识地加强对高校学生的管理，加快其与社会化生活的融合。在这一过程中，高校学生不应该完全被动接受社会化教育的理念，而是应该主动选择适合自己的发展方式，利用自身的优秀品行去影响和帮助别人，促使他人日常生活习惯不断更新，不断重复地参与到高校学生的教育进程中。这样的一个良性循环过程不仅可以丰富德育教育的内容，而且还可以提高高校学生克服社会化进程障碍的能力，使其顺利完成社会化的转变，从而更加适应未来社会生活的挑战，更顺利地投入到社会化生活当中。

（二）高校学生日常生活教育管理的具体目标

高校学生日常生活管理教育的具体目标是贯彻执行综合目标的主要渠道和组成链条。具体目标的设计和推进完成是将教育长远目标构想与当下现实问题充分结合的衔接环节，为开展高校学生日常生活管理教育的基层工作指明具体方向并有助于评估相应的可执行性，应将其发展为高校日常管理教育工作的驱动力，保障教学工作有序进行。

1. 重塑高校学生日常生活的角色。高校学生正处于青春期到成人期的过渡阶段，生理和心理上会有很多变化，日常生活中对于自身角色认知不明确。这个阶段帮助高校学生认清自我的定位和自己在社会中的地位非常重要，要引导他们认识两者并将其进行合并。由此可见，高校要在根源上帮助学生找到自己的身份定位，帮助他们成为生活的主人，避免由于定位畸形导致心理和生理上的不利因素出现。可以通过以下三个步骤帮助学生认识自我：

（1）解决高校学生日常生活中对于角色认知的缺陷问题，帮助他们认识自我，做生活的主人，按照自己的意愿去生活，不受老师、家长、学校领导的权力支配。在高校管理过程中，要民主地让学生行使权利，放松对学生的管理有时会产生更积极的效果。学生在拥有自己对生活的配置权利之后，也会更加独立。这种收权和放权相互配合的管理模式是一种积极的管理模式，是高校主体和客体协同发展的表现。

（2）要让学生一旦发现自我角色认知的错误就及时进行改正，通过对生活权利和义务及责任的理解，知晓支配生活的同时也要承担生活的责任，培养学生的责任感。学校管理者对于高校学生的生活管理权要进行放权处理，不能过分干涉学生的生活，在放权的同时培养学生的责任感，让他们知道需对自己的行为负责。

（3）学生要支配自己的生活，实现自己理想状态的生活目标。在学生对自己的生活目标有初步意识的情况下，要引导学生对生活的形式、生活艺术的发展、生活价值观的体现等做出判断，打造专属于自己的个性生活。学生要充分认识到生活是需要被尊重和被理解的，这也是打造理想生活最好的办法。在日常生活构建过程中，学生可以从生活中得到很多启示，并通过联系历史、过往生活等得到提升。高校学生在生活中要培养知道事情重点、知道如何行动、能够分辨是非、能够衡量利弊的技能，以此来丰富生活，做生活的主人。与此同时，还要培养学生生活的审美和情趣，打造高境界的个性审美，通过美育素质培养提高生活品质。

2. 丰富高校学生日常生活的个性与内涵。从日常生活管理方面来讲，丰富高校学生日常生活的个性与内涵是以任务为重的表现，缺乏生活的动力，在教育使命的压力下，管理工作就会成为后续教育阶段的重要部分，变成任务导向的模式，而不是单纯根据知识做出总结性结论。在此过程中对于管理内涵、管理层次、管理方式等的探讨将更加深入，以此来丰富教育的各个环节。这种操作方式拓展了高校生活管理的丰富性，对教育产生了持续性扩张作用，丰富了日常生活模式，同时对教育的延展、生活的充实、娱乐方式的丰富等起到积极作用。培养学生健康的生活态度，陶冶他们的身心健康，鼓励学生追求美好生活，提高幸福感。人先天就有追求美的本性，管理的过程也是践行美感的过程，在日常生活中，引导学生接受美育教育，以此来提高生活品质。要为学生的个性发展提供空间，关注学生的个性和兴趣需求，在尊重生活原则的前提下，帮助学生培养个性化生活方式。

日常生活具有"个性化、自由性、规律性和未开发性"的特点，这也是人类生活中的实践标准。高校学生的日常生活也是相似的，这种特性在高校学生生活中也具有约束作用。高校日常生活的规律性和未开发性为学校管理工作提供了发展空间，而个性化和自由性是日常生活的本性。想要丰富高校日常生活，就需充分理解和尊重学生的个性需求，大部分学校的管理工作是通过采集学生相关信息和反馈来进行的，但在这个过程中高校常常抓不到重点，导致素材利用率低，管理工作没有执行完毕，造成了资源的浪费。想要通过管理来加强生活的多样性存在诸多困难，这要求管理要松弛有度、恩威并施，同时要注意延展扩大，以此才能真正对教育起到促进作用。增加高校日常生活的多样性的最终目的是要将人文精神和情怀传递给学生，提高学生的综合素质，真正教会学生主宰自己的日常生活。

3. 优化高校学生的日常生活。日常生活方式具有深刻的内涵，在人类社会结构中，其是精神文明和物质文明高度统一的一种集中外在表现形式。高校学生是时代的引领者，他们的生活方式是整个社会生活的缩影。

高校学生的思想观念往往会表现成为一种外化的形式，成为日常生活的主要方式，这些生活方式会受到学生心理和生理条件的限制与影响。学校要引导学生按照道德标准对自我进行约束，不断提高自己理性思维的能力，同时学校还应保持包容的文化心态，合理对待学生对时尚文化的追求，并给予正确引导，让社会主义核心价值观潜移默化地融入学生的价值观当中，这样才能帮助学生建立起成熟、正确的日常生活方式。文化的特点也可以通过人们的生活方式得以体现，在高校学生中所展现出来的生活方式实际上也是社会整体生活方式的一种缩影。由政府主导，组织学校、社会各界形成合力，通过有效的管理将社会不良的影响因素进行过滤，为青少年营造一个有益的文化氛围，引导他们选择健康时尚的生活方式。

目前，我国对大学生生活方式的教育处于起步阶段，还未在高校学生的教育培养中成为核心的内容，这样必然难以有效引导高校学生优化生活方式。因此高校要注意加强管理，通过对在校学生实施生活方式的教育促使他们的生活方式进一步得到优化，高校要意识到进行生活方式的教育对于提高学生综合素质的重要意义，在学生的学习和生活的各个层面融入生活方式的教育，对学生实行弹性的管理方式，让管理制度与学生的生活更加贴近，更具操作性，在高校教育的总体目标中加入优化生活方式的内容，让更多高校学生拥有成熟、健康、有益的生活方式。

生活方式可通过休闲的方式得到集中的反映。对于高校学生而言，其日常所选择的休闲方式必然会带有大学生这一身份的痕迹，各高校要结合大学生的兴趣爱好、性格特长、综合素质、经济水平等多种因素对他们进行日常生活方式的培养。让大学生得到方方面面的锻炼，综合素质得到有效提升。让他们由选择较为简单的休闲层次提升到更具参与性、更加高级的休闲层次，大学生通过日常闲暇时光的锻炼，提高自身的德行与修养，在休闲的过程中对自我进行审视、反省，主动提升自我，这些都应包括在高校的教育目标当中。高校通过对学生的日常生活进行管理，引导和帮助他们按照相应的标准提升生活品质，让自己的日常生活方式更加健康。

高校在对大学生开展生活方式的相关教育时，要坚持底线的教育理念及教育方式。底线思维并不是消极被动、处于防范状态的思维方式，也不是让学生简单地按照底线要求无所作为的思维方式，而是一种需要先确定好落脚点，找到可靠支撑，在此基础上寻求进步空间的思维方式。对于在校学生来说，日常生活是其底线，在日常生活中，生活方式是其最基础的组成要素。坚持底线思维的方式审视和引导在校大学生的生活方式，能够让他们好高骛远的心态得到有效的调整，令其更加平和、务实、健康。高校应从学生的日常生活和烦琐事务着手去开展反思教育，而生活方式的教育正是更为恰当的介质。对在校学生日常生活方式的关注，也就是对他们底线的关注，这种教育能够有效地深入到生活的肌理之中，先接触到高校学生的生活底线，再以此为基础做出反弹，这样更有利于大学生顺其自然地接受这种教育。教育的过程中，学校要放低自己的姿态，以一种真诚沟通的态度去面对学生，潜移默化地去改变他们的日常生活方式。

4. 完善高校学生的核心价值观教育。大学阶段的学生有着自己特殊的心理特点，在校学习和生活的过程中，他们的人生观和价值观会逐步得以完善，这对他们一生而言都较为重要，此阶段所进行的价值观教育的效果以及质量将直接影响到他们今后的价值取向，所以高等教育阶段的价值观教育要引起高校以及相关方面的高度关注，社会各界尤其是各高校要拓宽教育渠道，增加教育载体，让这种教育的效果更加明显、更加深刻也更加持久。通过对学生日常生活进行管理，可以将正确的价值取向渗透进学生的观念之中，将价值观的教育与学生生活融为一体，让教育回归于生活，培养在校学生正确的人生观与价值观。

在塑造和刻画一个人的过程中，日常生活起着至关重要的作用，这种作用的效果是持久的。校园内的日常生活组成了学生的活动空间，日常生活对于学生价值观的形成有着重要影响。日常生活会对人产生一种教育和引导的作用，这种教育的作用较为温和，并且是中立的，在日常生活中人世间的千姿百态都会呈现出它的原貌。通过这样的日常生活所教育出来的学生，必然难以掌握其结果。但在进行价值观教育时，要求学生必须树立坚定的信念，确立明确的目标。生活中会有多种多样的异化现象横亘于日常生活与学生的价值观教育之间，但这两者又必须是有机结合起来的，只有让教育与生活相融合，才能让社会主义核心价值观深入学生的内心，使学生抵御各种不正确价值观的干扰。

高校要引导学生开展自我的培育，实现道德的全面转化，这样才能充分发挥价值观教育的实效。大学生在修炼自我价值观时，既要树立远大目标，也要从小事着手。通过不断的道德实践来领悟道德的不同境界，积累更多的道德资源以帮助社会主义核心价值观的顺利形成。日常生活中的大事小事都可以成为价值观构建的细节要素，道德积累也需要循序渐进，经历从量变到质变的过程。

高校学生日常生活管理在学生日常生活中发挥作用，为有效开展社会主义核心价值观教育争取空间和话语权，高校用良好的思想道德以及修养去武装学生的日常生活，为学生营造更加健康、更加积极、更加科学的生活环境。过去高校的价值观教育通常在课堂进行，在新的形势下，这种教育需要渗透进学生生活和学习的方方面面，以抵御各种消极道德的侵蚀，取得价值观教育真正的效果。

5. 塑造高校学生公共关系形象。作为国家未来的希望和栋梁，大学生是社会舆论关注的焦点，他们在学习和生活中的表现都会受到各方面，特别是媒体的追逐，也容易引起社会的广泛讨论。虽然高校制度越来越健全，但仍有一些真空地带是无法完全触及的，而这些都关系着大学生这一社会群体的整体形象，也是对高校管理技术以及工作智慧的一种考验。高校要注意培养和维护大学生的形象，在日常生活的管理方面做到以下两点：

（1）对学生在校期间的思想与行为进行正确的引导，帮助他们树立正确的形象意识，理解公共关系形象的基本内涵，学会在日常生活中树立良好的公共关系形象。纠正不良的日常行为习惯，对自我进行修炼，提高综合素养。

（2）高校要通过有效的管理来增强学生以及教师传播正面形象

的意识，明确各自的责任，让传播的能力以及技术提高，筛选出利于开展教育和传播的精品案例，让高校学生关注对自我形象的塑造，不断提高管理自我、改造形象的能力，从而成为高素质、全面型的人才，在未来的竞争中占据更多的优势。

（三）高校学生日常生活教育管理的方案

1. 叙事教学法。叙事教学法是一个由来已久的概念，作为教育管理的手段，对道德观的树立具有积极的意义。"叙事"来源于对文化概念的提炼，是通过与故事讲述相同的流程，完成信息收集和故事输出的过程。叙事教学法在实施的过程中，培养学生从日常生活中提炼出正确的表达需求，建立和组织学生关系，并发展出能够传播积极影响的能力。这对高校学生逻辑能力、思维习惯的培养都有所助益。叙事教学法的核心在于通过故事的叙述，提升学生的沟通和表达能力，使其形成正确的自我认知，并更好地进行与他人的交流和合作。相较单纯的能力提升，布鲁纳所倡导的叙事教学法更关注学生思维能力和对外沟通交流能力的培养。

与一般体系化的教学标准不同，叙事教学法不可一味地套用固有学习模式，而应当作为独立体系的方法论加以运用。通过多样化的教育模式，培养高校学生对叙事教育的认可，发展叙事教学的工作方向，指导学生日常的实际学习。在进行叙事教学的过程中，往往会出现多个不同的叙事角度和故事路径。叙事教学没有明确规定的正误标准，但为求故事情节完整、叙说饱满、逻辑严密，就要求架构者在理解上需要处在全局化的角度，不断进行反思和优化。由于道德叙事的手法具有情节性，因此更有利于学生代入自身场景，贴合生活，利于提高学生的理解和对比分析能力。德育教育的实施主体可以在实践中不断完善自身的价值观和方法论，从而激发更加积极主动的学习热情。同时，学生可以借助这类持续性强、流程更完整的手段，不断优化知识学习的信息库，从而取得更加卓越的成就。

叙事教学法表明高校学生日常生活中固有的一切参与者都有成为教育叙事主体的资格和权利。在叙事教育法体系下，无论是作为教育管理的实施者还是作为教育主体的受教者，都平等享有对教育体系的一切管理权和话语权。教育主体不再遭受刻板教条主义的约束，可以更加积极地运用自己习惯和适应的方式直抒胸臆。同时，叙事教育法也营造了一个开放自由的空间，更有利于创造力的提升。

2. 熏陶教育法。环境对于教育有不可或缺的影响，除知识教授类的直接教育方法，还有从日常习惯和生活方式上进行潜移默化影响的方法，这被称为熏陶教育法。不同于制度性的学习规划和管理机制，熏陶教育法主要通过日常感染和人文感知来帮助学生积累教育理念，力求构建立体化的环境。不同于体系化教学中以准线、分值等标准化手段进行衡量的方式，熏陶教育法的特征是从点出发，通过多个角度、多种形式的影响，逐渐发展出一套影响学习习惯的体系网，因此，熏陶教育法也可以称为感染教育法。

在日常环境中，高校学生的生活和学习离不开日常环境的影响，通过从日常生活和学习中进行充分渗透，可以帮助学生组织更加严密的管理体系。作为学生日常生活管理的首要目标，教学环境的立体化构建和熏陶感染的科学运用，为学生的进步和转变产生积极和正面的影响。熏陶教育法崇尚从日常生活出发，将教育理念自然切入生活的方方面面，无须刻意建立体系，而是让学习要义和规律法则得以自然发生。从培养学生整体思维和条件创设的角度来看，熏陶教育带有鲜明的时代烙印，是自主化学习升级的体现。

熏陶教育法在实施过程中，可以充分贴合高校学生的日常行为和生活习惯，力求在传统教学习惯和创新性的管理方法间找到最佳的平衡点。从具体的执行手段上说，通过对教学行为的渗透、对成长路径的合理规划、对关键时机的准确把控和对固有教学模式的反思，从而发展出能够灵活应对各类变化趋势的教学方法。

（1）用熏陶或渗透的方法在日常生活管理的进程中进行立体的教育工作，才能更贴合学生的实际需求，避免出现不切实际或偏离教育初衷的情况。不同于专业课程中针对性强的特性，熏陶教育法的教育对象具有广泛性。从人群分布上来看，高校学生具备一定文化底蕴、团队意识明显、开放程度较高，并且思维方式更为灵活，这些因素都使得熏陶教育的正面影响在该群体中的显性作用更强。

（2）运用熏陶教育法进行教学管理时，要尽可能多运用正面管理方法。从心理学层面看，要擅用赞赏优秀者、鼓励良性行为的方法，树立榜样标杆，强化积极正向的氛围环境。通过此类行动，可以令个体充分发挥出主观能动性，使该群体中的每一个独立个体都能掌控自身行为，并逐渐向良性的趋势靠拢。

熏陶教育法的实施可以借鉴分步管理的办法。逐渐从日常渠道中进行渗透，扩大熏陶教育的影响范围，实现将熏陶作为感染主体的具体手段，并逐渐完成教育过程的进化和层次关系的完善。感染第一层次，渗透第二层次，熏陶第三层次，这三层次会按照高校学生心理活动的先后次序贯穿于他们日常生活的始终。这些层次表现出来的连贯性和重复性以及势不可当的惯性，使得其能够在教育工作中发挥持久绵长的功效，能帮助高校学生获得具体学科知识之外的宝贵收获，这就是被称为素质的内容。

教育工作，特别是熏陶教育，不同于注重短期效果的技能提升课程。熏陶教育通过对日常行为的管理、精神素质的打磨，来不断提升学生的学习力和精神品格，具有终身学习、终身受益的特点。熏陶教育之所以具有对日常行为的感染力和对正确认知的指导性，源于熏陶教育是对日常生活的提炼，随着对日常生活中一系列正面因素的吸纳包容，熏陶教育理念也在逐渐产生着变化，并形成了越来越完善和越来越系统的体系。通过对该体系的不断升级，也可以为实际教学工作带来更加客观科学的指导作用。

3. 情感教育法。在教育主体和客体之间搭建情感交流的桥梁是情感教育法所崇尚的，因为其不仅能独自发挥情感教育的功能，还能在完成其他教育工作中起辅助作用。制定严格的教育管理制度对高校学生日常生活有非常重要的作用，制度以外的高校学生日常生活情况是情感教育法所关注的。正常的人际往来、朋友互动、心理沟通、情感交流等精神层次的需求，游弋在硬性的校园制度生活内外。

制度边缘所产生的这些人性存在，对于实施教育机制双向运行非常有益。有时，在制度模糊的边界之处，需要管理人员用自己的专业素质，及时有效地秉持人心所向、顺乎民意的指导思想，按照规章制度行事，从而圆满完成教育工作。这样实施教育工作，对于教育工作者的工作能力有了更高的综合素质要求，教育工作者不仅需要丰富的科学管理手段，还要具备与人交流时动情又合理的言谈举止。这些基本素质要求作为教育工作主体的教育工作者需不断提高自己的素质修养，提升处理突发事件的综合能力，从而更加完善教育体制。

教育制度力所不及的空间，为高校学生创造了自由发展的平台，产生了"自育式"德育模式，这种模式，既是高校学生在日常生活中，与朋友间增进友谊、互帮互惠、彼此影响的"自育式"模式，也是高校学生对自己人生进行的自我反省、自我总结的"自育式"模式。在制度不可触及的地方，学生可以自由放飞思想和本能，释放天性，完善自己，规划人生。在自己的认知领域，组建社会发展所要求的新理念、准则和规范，最终将其纳入自己的成长体系。

高校学生自我管理与自我教育是高校学生日常生活管理的最佳形态。为达成这个状态，管理者要肯定和推广每个高校学生都是独立个体的理念，并尊重及用心对待其独立人格。这就要求管理者做到以下三点：一是指导高校学生确立正确的成人观，拥有成人的所思所想，在方方面面做到自信、自立；二是激励高校学生逐渐拥有成人的各种技能，特别是让他们养成独立思考、不断学习的能力，这些能力关系到高校学生未来的发展方向和能否拥有持之以恒的开拓精神；三是成人社会的责任意识是高校学生必须树立的，高校学生要做国之栋梁，以所学回馈社会，树立为人民服务的远大抱负，并以社会主义核心价值观为主导思想。这些工作的完成，有利于实现教育工作的内省，达到成人内化的要求，变被动为主动，尤其是在无人监管、自行发展的时候。

有丰富情感的高校学生在日常生活中的交往，不同于刨除情感元素的高校校园制度化的非日常生活管理。教育管理者作为教育管理的主导者，要了解学生的情感，分析感情元素的功能，明确情感的属性，把不同的情感作为管理日常工作的考虑要素，并且对高校学生的正常人际往来进行正确定义和方向的调整。拓展多种资源和模式，培育高校学生日常生活中的健康情感。概括来讲，情感的本质主宰了交往的本质和方向。

正确的情感是创建和谐管理关系的要素，能让高校学生对管理者做到尊重和认可，让高校学生遵守管理规则时能合情合理，充分整合肯定的情感所累积的人际关系成本，为日常生活管理的井然有序打开局面。肯定的情感状态是进行管理教育的主要基础，同时也是定义管理成果的重要条件和标准。在此也需认清，否定情感也是客观存在的正常情感的表现形式，我们必须了解其存在的客观性，如实地体现状态的价值和激发转变的可借鉴性。存在即是合理，这种情感在让人觉得不舒适的同时，能发现问题的根源所在，以此让教育管理者和学生群体同时进行思考，从而修正错误的做法和言论，通过细致地观察、准确地辨别日常生活管理教育中出现的问题，积极引领，将不健康的负面情感转为正面情感。

中性情感是最难分析的一种情感状态，是人类最初的情感表达形式。若这种情感出现在日常生活的管理中，就起到了重要作用，因为它不是发生在彼此陌生、互不关联的人们之间，而是发生在天天密切相处的教育管理者和学生群体之间。因此，管理者要在新生入学之初就通过情感肯定沟通，防止出现中性淡漠的情感状态。管理者还要避免由于漫不经心的态度，使原来的教育双方情感交流陷入漠然的姿态。这样不仅无法实现管理教育的既定目标，还会让高校的整体教育坍塌。

人是通过人际往来，确保其存在的意义，以发展社会生活中的其他相关因素。淡漠的中性情感状态将人与人之间交往的桥梁扭断，没有情感因素的日常交往因缺乏人情味，让人产生抗拒，厌倦交往，从而拒绝任何沟通，遇到管理者的管理和一些特定规章制度，会使人产生抵触情绪，且愈演愈烈，最终演变成负面情感的消极对抗，还会因其骄傲不羁的叛逆性格，让更多情感有波动的高校学生群体在日常的生活中将其追捧，争先效仿，这会破坏教育管理工作的正常进行，使教育管理者在实施其他管理方法时，难以发挥稳定的作用。

4. 生活顾问法。生活顾问法是立足于现实生活管理，使用生活指导教育这个根本观点所选取的办法。生活指导立足于风格、个体区别以及人体需求，它有效地完善了正规教学。它提倡借助专业的知识来进入大学生的日常生活，它的服务对象都是为了适应自身发展的大学生，随着工作的展开，使学习者的个人素养得到全面均衡的发展。立足于所涉及的层面来讲，它基本涵盖了学习者与社会需要的全部层面，例如生活、品格、交流、卫生、保健、学习等，日常生活层面所涉及的数量也较多。立足于教育的详细办法来讲，它使用"提升性、完善性、拓展性和考试与怀疑的指引"等方法来有次序地推动以上所有层面的辅导解惑。

将大学生平日生活管理的感触细化进生活的各种内涵里面去，给予学习者生活引导以及品格道德培养在内的解惑办法。从本质来讲，这有助于科学化地解决大学学习者平常生活中所遇到的各种困难，这好比全面化地控制了大学生的日常生活环境，通过咨询顾问这个角色来参与大学生的日常生活，丰富日常管理，以此伴随教育、赏析教育就更易实现，刺激大学生所蕴含的潜力来获得自身更高的前进高度，这不但是大学进行私自教育的有效办法，同时也给大学校园达到铸造"完美的人"的综合教育目的提供帮助。

目前中国的生活引导教育尽管从观点上来看应该是一种全面的教育指引方式，然而在进行具体操作时，它依然是将大学生寝室的日常生活当作是进行指引与教育的媒介，没有打破固定结构，实践综合层面真正的生活教育。

从本质上来讲，生活本身具有的、生活所自己经营的就是生活教育。针对大学生开展生活指导教育应该是生活教育的一个重要构成元素，它的信息应当囊括生活中的所有，由普通的生存生活指引延伸为精神层面指引最终到品德方面的指引。总而言之，这种形式是以为大学生提供明确生活抉择与使其主动适应生活作为目标来给予帮助，它所依靠的媒介囊括大学生的寝室、学生社团、社会实习等多方面。生活顾问一定要了解大学生日常生活的需求，给他们提供特别的支持、援助与服务。所有的援助都应当以一对一的方式进行，这样一来可以显现对学生的尊重以及对单个个体独立性的锻炼。生活指导教育是将教育人员、管理人员和伴随人员三个角色融于一体，基于"顾客满意"这一观点，让学生获得满足，推动"完人教育"与"全通教育"的顺利进行。

三、新时期高校学生心理健康管理

（一）新时期高校学生心理健康教育的内容与原则

目前高校学生在心理上会有些许困惑和问题，这时心理健康教育就可以为学生传输正确的心理健康知识，帮助学生解答生活、学习、交友以及恋爱等相关方面的疑惑，让学生可以进行自我调节，不让心理问题发展为心理疾病，让学生的身心健康得到良好的发展。心理健康教育的内容主要包括积极适应教育、自我意识教育、学习心理教育、情商教育、社交技能教育和意志力教育等。

1. 高校学生心理健康教育的基本内容。

（1）积极适应教育。大部分高校学生对自己都没有一个清晰的认知。这是由于他们普遍对自己缺乏认知度，对自己没有一个准确的定位，因此无法适应激烈的社会竞争。这时要提醒高校学生做好适应社会的准备，尽快融入高校的学习和生活中来，全面提高自身的综合能力。另外，还应鼓励高校学生勇于剖析自我、了解自我，对自身心理和生理都有一定的了解，学会缓解自身的心理压力，让心理始终保持积极健康的状态。

（2）自我意识教育。高校学生的自我意识得到越来越多人的重视与关注，正确认识自我是个体发展最重要的前提。自我意识是对自己身心活动的觉察，即自己对自己的认识，具体包括认识自己的生理状况（如身高、体重、体态等）、心理特点（如兴趣、能力、气质、性格等）以及自己与他人的关系（如自己与周围人相处的关系、自己在集体中的位置与作用等）。

自我意识具有意识性、社会性、能动性、同一性等特点。自我意识的结构是从自我意识的三层次，即是从知、情、意三方面进行分析的，由自我认知、自我体验和自我调节（或自我控制）三个子系统构成。自我意识的形成原理包括正确的自我认知、客观的自我评价、积极的自我提升和关注自我成长。人生不同的发展阶段，其自我意识的形成各有特点。人格以自我意识为中心，对自身和世界的认知与领悟都来自自我意识。部分观点认为人之所以可以正确评价和接受自己，就是因为其心理很健康，让现实和理想的自我达到一致。高校学生要想具备健康的心理，就一定要有正确的自我意识。

（3）学习心理教育。学习贯穿整个学生时期，也是高校学生的任务和内容。高校学生的专业技能和知识要通过学习获得，人格发展和心理健康也要通过学习获得。在指导高校学生的心理学习时，要将生理机制、心理机制和在进行学习活动时产生的心理讲解给他们听，让他们用正确的方法来完成高校的学习和生活，不断丰富自身知识架构，保持端正、积极的学习态度，拥有良好的学习动机。为高校学生提供科学、系统的培训，才能让他们对高校的学习和生活充满信心，从而在学习上取得好成绩。

（4）情商教育。情商是指个体理解和调节控制自己以及他人的情绪的能力。在进行情商教育时，高校学生要注重感受情绪、理解情绪，对情绪有自控力，可及时地调整情绪。心理健康、心理承受力和沟通能力都会受到情绪的影响，只有对情绪有更多的理解，才能对这些方面产生积极的作用。在高校学生的日常生活中，情绪容易产生波动以及情绪体验两极分化都会带来负面影响。因此，高校要对这些情况有应对措施，及时调节学生的情绪，采取有针对性的方法，让学生保持心理健康的状态，拥有健全的人格。

（5）社交技能教育。社交技能是高校学生在掌握专业技能之外，可以保障学生在未来的工作中迅速适应环境以及顺利地开展工作的技能。教师在教授社交技能时，可以为学生讲解基本的社交技巧和常识，以情景再现的方式展现社交的艺术性，让学生接受社交，并能够独立处理各种人际关系，从而成为一个具有自主性的个体，使其不再依赖于以往的家庭关系，而可以与更多的人进行交流和沟通。

（6）意志力教育。高校学生的意志力普遍不够强，而在日常的生活和学习中意志力也无法被直接加强，因此，在学校教育中培养学生的意志力势在必行。开展意志力教育的目的在于让学生了解意志所能发挥的作用以及重要性，基于自身所拥有的意志品质，让学生面对困难不再退缩，即使在困境中也能调整自己的心态，对挫折有足够的承受能力，让自己的心理变得更加强大。高校学生在接受意志力教育之后可以成为不怕困难和挫折，努力实现目标的人。

2. 高校学生心理健康教育的基本原则。心理健康教育，是高校学生成才的基础。加强高校学生心理健康教育工作是新形势下全面贯彻党的教育方针、实施素质教育的重要举措，是促进高校学生全面发展的重要途径和手段。遵循高校学生心理健康教育的原则是开展高校学生心理健康教育的基础。

（1）教育性原则。教育性原则是指教育者在进行心理健康教育的过程中根据具体情况，经过认真分析后，应该让高校学生始终拥有积极向上的心态和拼搏进取的精神，从而让学生树立正确的人生观和价值观。社会精神文明建设与心理健康教育息息相关，它可以反映出社会精神文明进步性、时代性的特点。不同的心理问题会在高校学生的日常学习和生活中由矛盾引发出现，从而导致错误行为和观点的产生，此时教育者应倾听他们的烦恼，对错误思想和观点予以全面分析，让学生从正确的角度看待问题，对是非可以正确分辨，打破固有的思维模式。这可以让高校学生不再受心理问题的困扰，保持积极健康的心理状态，有利于学生接受共产主义的教育以及学习辩证唯物主义的思想。

（2）主体性原则。高校学生心理健康教育的研究和发展都是为了更好地服务学生。满足大部分学生的需要是教学计划要首先考虑的，工作目标也应以此为准，保证全体学生的身心健康。如今全体学生作为高校心理健康教育的主要对象，高校在展开工作时并不能像医院服务于个体那样，而是应从全体学生的角度出发，告诉学生心理在健康和不健康时分别是怎样的状态，让学生拥有一定的抗压能力，同时可以学会自己舒缓压力，在心理发生波动时可以及时地进行自我调节，如果在心理上出现不可自行解决的问题时一定要及时请求他人的帮助。

因此，高校在开展心理健康教育时要明确学生的不同需求，立足于学生自身的特点策划活动，让每一次举办的活动都对学生有实际的帮助。将心理健康教育所具备的指导功能通过活动充分展现出来，让更多的学生积极参与，让学生的发展具有全面性和均衡性是高校心理健康教育始终贯彻的目标。

（3）正面性原则。高校学生是明理的，在对他们进行教育引导的过程中要尽量用榜样和正面的例子，不要出现讥讽、嘲笑的言语。教育的场合、教育的时机以及被教育者层次的不同都是在教育过程中不能被忽略的重要因素。要使教育效果最大化，发挥正面教育的作用，就应该客观谨慎、尊重事实、有目的的指导，否则不利于高校学生健康心理的形成。

（4）个性化原则。全体学生都是心理教育要服务的对象，但这些学生在现实中都是个性鲜明、具有差异的个体。因此，个体学生存在的差异是心理健康工作不能忽视的，学生不同，其需要就不同，心理发展的阶段也不同，所以在开展活动时要灵活多变。学生来自不同的地方，年龄和年级也不同，家庭生活环境和社会背景让他们拥有不同的个性，在进行心理健康教育的工作时，教育者要看到这些差异，对学生有全面细致的了解，平等对待每一个学生，在面对不同阶段的心理问题时要灵活多变地应对，让心理健康教育更有针对性，让开展的工作取得更大的成效。

（5）保密性原则。高校心理工作者在展开工作时严格保密学生的病例和隐私，这是保密性原则。对来访者的利益要尽全力维护，在没有得到求助者的同意时绝对不可向他人透露求助者的任何信息，在日常的工作中也应小心谨慎，做到严格的保密。心理健康教育和心理健康咨询都必须严格执行保密性原则，这样才能更好地开展后续的心理健康教育工作，使设定的工作目标可以又快又好地实现。

（6）活动性原则。在确定高校学生心理健康教育的内容时，要将学生作为活动的主体，强调要使学生在活动中的心理健康水平得到发展和提高。将多种多样的学生活动与心理健康教育相结合，在活动的过程中充分发挥教育的作用。学生的参与程度是策划活动时需特别关注的，活动的意义在于要切实帮助学生，对学生有启示作用，而不只是为了单纯地举办活动。

（二）新时期高校学生心理健康教育的方法与途径

高校学生心理健康教育工作可以看成系统工程，方式方法很多，具体可从课堂教学以及课外教育两方面着手，注重日常与平时、指导与教育、帮扶与指导相结合，建立健康的教育网络体系。

1. 新时期高校学生心理健康教育的方法。

（1）知识传授法。系统、全面地向高校学生传授心理健康知识和心理保健技能，是一种方便又高效的方式。在提高学生综合心理素质时，除了可以采用专家讲座、专题报告以及课堂教学等方式，还可以采用多媒体放映相关影音资料、组织学生进行小组学习等方式。高校学生的心理教育方式应灵活多变，不能过于单一，可以在教学中融入真实情景演绎、真实的心理案例、自我心理测评和分析等各种不同的方式，让教学环境更加轻松和愉快，让学生可以学习到很多知识，从而可以进行自我心理调节，有正确的认知心理，让心理更加全面健康的发展。

（2）学科渗透法。传统的填鸭式教学不能用于心理健康教育上，要根据心理健康教育的特点将其进行拆分，逐步融入日常的教学之中。即使每个学科有不同的教学内容和方式，但在认知时产生的心理活动基本一致，这也是使用这种方式的依据。在进行教育时，学生的配合程度会直接影响最终的结果，因此要让学生有极高的配合度。另外，在教学中融入心理健康教育时要注意方式方法，让学生在不知不觉中接受教育。

（3）活动训练法。要提高高校学生心理健康水平，可以通过开展丰富多彩的与心理健康教育有关的活动，积极鼓励学生参加。这些活动具有更强的针对性，而活动的关键就是其过程，但要特别强调的是方法一定要合适，应该让大部分学生都可以接受。通过开展拓展训练，提高团队的协作能力，发掘每个人的最大潜力。既使学生认识到团体协作对于团队目标实现的重要意义，增进对集体活动的参与意识与责任心，同时也使高校学生认识了自身的潜能，增强了自信心，改善了人际关系，在游戏的同时，也将活动的体验融入日常的学习生活中，促使其健康成长。

（4）磨砺锻炼法。磨砺锻炼法应围绕个体设计方案，教师在为学生制定具体目标之后应指导他们对自己有更加充分的认识，在面对挑战时要充满信心。这种方式可以让学生的主观意志更加坚强和乐观，有利于学生的全面提高。综上所述，这是一种让心理更加健康的实践行为，但一定是以自我的意识、观念和意志为基础的。通过这些活动可以让学生的意志更加坚强，让学生可以拥有更加健康成熟的心理。

（5）榜样示范法。在进行心理健康教育时，教师可以先为学生制定一个基础目标，之后选择一些在学生周围发生的具有代表性的成功案例与他们分享，让学生从中受到启发并积极提高自身意识。这种方法的关键在于，教师选择的案例要具有指导意义，必须是真实发生的事件，高校学生在教师的指导下深入了解案例，从中受到启发，进而可以自觉地提高自身意识，不断进行自我调整。

（6）心理咨询法。心理咨询法服务的对象不再是全体学生，而是单独的学生个体，是教师直接与个体进行单独的交流，这可以在很大程度上缓解学生的心理问题。教师的日常辅导和答疑解惑是必须的，但关键是在于对疑难问题的解答。心理咨询可以更有针对性地解决高校学生存在的心理问题。在咨询的过程中，教师要谨言慎行，对学生要足够的尊重，并理解和保护学生的隐私，与学生进行平等的沟通，采取灵活多变的教育方法，对学生充满耐心。面谈、电话、网络和信件等都是心理咨询的方式，而最常用的是面谈咨询。教师先检查和判别心理和行为，再对发现的问题进行分析和诊断，然后展开干预治疗，最后对其进行评估。可以进行心理咨询的教师必须事先经过专业的培训，并拥有较高的专业水准，相关的从业经验也必不可少。

2. 新时期高校学生心理健康教育的途径。高校学生的压力通常都非常大，尤其针对就业等未曾接触过的问题会产生更大的压力，从而突显心理问题。此外部分学生和普通本科高校学生相比来说其素质水准有所差异，并且综合素质偏低。因此这部分学生在求职过程中经常位于弱势地位，而这通常就是他们在平常生活中心理压力会非常大的原因。这种压力是和社会以及家庭有着紧密关系的，并不是单独存在的。

因此，针对高校学生所面临的种种问题，积极开展有效的高校学生心理健康活动已成为各大高校教学的重点之一。高校学生的心理健康状况是一个综合作用的结果，每一个作用因素都不可忽视。这项工作需要社会、老师、父母和高校学生个人的共同努力，也只有这样才能让高校学生心理健康教育工作变得更有效率。

（1）优化高校学生心理健康教育的社会环境。高校是社会大环境中的一员，而社会的反制作用对校园而言是非常大的，学生在一定程度上也会受到影响。目前社会竞争压力增加，学生期望通过多种活动来使自身价值得到展现，这些必定是高校学生的重要磨炼过程。因而学生可能会产生消极思想以及不好的心理状态，并且出现自我怀疑，而这些负面情绪是从评奖的落选以及考试的失败而来。对于高校学生来说虽然知识层面较高，但心理并未成熟。由于社会还存在很多矛盾，所以高校学生心理健康教育的社会大环境要不断加以改进和优化，这有着非常重大的现实意义。

（2）发挥家庭在心理健康教育方面的作用。家庭因素在人成长中的影响是较大的，对于人来说最先知道客观事物是由家庭环境中即家长的言谈举止着手的，高校学生在很大程度上所受到的影响来自家长的言谈举止和进入高校之前的自身环境。若抛开家庭教育，那么高校教育也无从谈起。即使高校教育质量较好，若家庭教育不支持，其显著的成果也不会轻易获得。一个人在求学阶段其重要的精神寄托及经济支柱是家庭，因此家庭具有很鲜明的作用，其让人的世界观、人生观、价值观随之产生，并且影响高校学生对创业或择业的选择。

对于在校学生，高校需要与他们的家长采取积极地联系，并对创业学生的家长给予特别指导，使其尽量给学生提供物质支撑或者精神激励，从而使学生有信心迎接挑战，并能在事业的开展上满怀热情及信心。为此要想做好心理方面的健康辅导工作，就需要学生父母积极地与校方配合。

（3）学生心理健康教育的积极心理辅导。目前，在高校心理健康教育工作中，作为个体的辅导形式，惯用的是心理咨询及心理辅导，然而针对同学心理问题，对其心理病状进行诊断及消除心理疑惑是高校心理辅导的着重点。因部分学生的心理承受能力较差，就咨询而言仅是让他们在当时的心理要求得到满足，但在遇到新的问题时仍需依靠心理咨询。

从积极心理学考虑，若想让心理预防发挥真正的作用，那么就不能仅重视个体身上所存留的缺点或者短处，必须对个体自身的积极力量进行更多的发掘，才能让个体内心的平衡得到调适，因此其目的是对心理障碍与疾病进行治疗，并且预防心理问题。为此积极心理学在引导人们探寻积极意义时可以从两个方面着手：一是寻找自身问题出现的起源；二是关于积极的个体体验要根据问题本身将其找出，继而促进个体自身的积极力量，这样就能在消极问题上实行抵抗。

协助高校处理学生的问题以及让学生的人生得到丰富，需要经过积极的咨询与辅导方式的选用。对于高校而言，需要重点栽培高校学生在自身积极力量方面的发展。在培养的过程中可以通过运用积极的辅导和咨询方式来提高高校学生的认识能力和自我教育能力。更好地和学生进行沟通，并以此激发他们的认识能力，同时让高校学生能够积极地认识问题的形成，从而让事业得到扩展，依靠积极的力量摆脱心理阴影，继而维持一种良好的心态维持，最终协助学生发掘个人的潜力，推动有心理问题的高校学生完成自我实现及自我恢复，而这些都是经过学生积极的情感能力所得到的启发。对于积极心理学而言，其采取了积极的心理干预技术，此外，关于积极要素的形式通常是采用发掘个体自身所具有的人格力量等。

（4）构建高校学生心理健康自助体系。学生自身力量的施展、心理自助体系的设立、心理健康教育的实行、学生互助以及自助目的完成，这些都是高校学生心理健康自助体系建立的内容。另外自助体系的设立能让学生对心理健康问题的认识得到加强，同时让心理知识得以传扬，从而树立正确的观点，积极地面对心理健康问题。

建立积极的学生心理健康自助体系可以通过三个方面来完成：一是高校学生团委或工作部设立高校学生心理健康或者心理咨询中心教研室，并在其引导下建立高校学生心理健康教育的学生组织，以此帮助全校学生开展心理健康教育活动；二是在各院系建立学生心理部，学生会负责组织学生心理健康教育的相关活动，对于心理沙龙等活动依据院系专业特征进行开展；三是以班级为单位，班级心理成长小组由有爱心以及心理素质好的学生组成，班级心理成长小组经过辅导员选拔以及学生自愿报名，让同学们得到关爱，并能够将同学们的心理障碍及时反馈，还可及时告知辅导员、各院系和高校的心理咨询中心相关心理障碍学生的信息，从而实现早干预和早发现，针对学生的健康成长可提供协助。

（5）开展高校学生的心理健康教育课程。高校心理健康教育履行的重要路径是心理健康教育课程的开设，另外保障有效性及科学性最好的方法是把心理健康教育纳入高校教学方针当中。目前心理健康教育课程体系还不够完善，因而高校的课程建设中还未真正地将其纳入，心理健康教育仅以讲座、心理咨询或选修课的形式存在。

（6）构建专兼职心理健康教育工作队伍。各高校依据自身要求设立专门的学生指导机构以及心理咨询机构，依据一定的比例进行心理咨询人员的分配，继而创立一支高水平的兼、专职心理健康教育工作团队，并定期开展心理指导或者咨询。同时在实行学生的心理研究时需要设立学生的心理档案，及时对已经出现心理问题苗头的学生进行治疗和谈话，尽量将问题于萌芽状态下消灭。对于其他学生而言，能够普遍理解自己的心理，并准确做出对自我的评价，这就需要定期举办心理方面的讲座。

高校心理健康教育是一项专业性很强的工作，而为达成心理健康教育教师团队的专业化，就需要教师具备很高的心理健康教育专业素质。因此学生心理健康教育工作的重点是师资队伍的组建。

（7）创设有利于学生健康成长的校园文化。良好的校园文化是全校师生进行自我教育、自我提高、自我约束的无形力量，对学生心理健康有着催化作用。优良的校园环境既是高素质高技能人才培养的需求，也是高校自身发展的需求。因此只有高校提升校园文化品位，丰富校园文化内涵，才能创设与心理健康教育相适的要求。

第一，营造优良的校园文化环境。优良的校园环境有利于学生健康成长，陶冶学生的个性品德；有益于学生情绪的稳定，能够释放心中的不良情绪；此外还能够净化心灵、美化人品，能够让身心得到健康发展以及优化学习，这些都是一个人身处于优美的校园当中所能得到的。另外学生生活和学习的重要场地就是校园，因此需要高度重视优良校园文化环境的营造。对于高校来说需要精心规划及统一布局，并且在相关原理即心理学和美学的引导下，对校园进行精心改造，维持校园的高雅、宁静及优美，并争取让健康向上的气息充满校园的各个角落，从而推动学生的身心健康一直处于积极的影响当中。

第二，开展丰富多彩的校园文化活动。课堂教学之外的校园活动就是校园文化活动，如学会、协会活动以及兴趣小组活动等。另外培养能让学生积极向上及健康发展的有效载体，其能够陶冶情操、净化心灵，且能舒缓人的紧张情绪，这就是多姿多彩的校园文化活动，也是最有活力及征服力的活教材，是实现学生心理健康教育的有效形式，还能培养学生的理想信仰、心理素质以及精神面貌。

学院需要准确地了解校园文化活动的意义及性质，才能合理安排相关工作。要在校园文化活动中有意识地引入心理健康教育，其切入点是学生的心理要求，并增强学风、班风以及校风的建设，同时在内容和形式的设计上还需考虑学生的心理要求，且具备针对性、可比性及教育性，保证心理健康教育的有效性与全面性。通常来说，其可以获得高校学生的积极响应并被许多学生接受。为此在活动当中应尽力营造团结互助和积极向上的良好气氛，才能让学生团结互助，并产生自我展现和公平竞争的积极意识，让学生感受到成功的喜悦与生活的乐趣，从而潜移默化地产生健康心理。

第 五 章

新时期高校学生德育管理及其工作创新路径

一、新时期高校学生德育管理及其组织体系构建

(一) 新时期高校学生德育管理

高校学生德育管理是现代高校管理的重要组成部分，既是高校管理活动的一项重要内容，也是高校管理活动的一种特殊形式。高校德育管理是一般管理原理在高校德育中的具体应用。高校德育由多种要素构成，直接受多方面因素的影响和制约。由于影响高校德育的因素多、涉及范围广，因此高校德育要落到实处、取得实效，需要有专门的组织机构，能够针对德育工作的复杂性、特殊性、专门性，制订可行的德育工作计划，协调好各方面的教育力量，以求达到德育目标。

1. 高校学生德育管理的现实意义。

(1) 提高德育实效。相对高校其他方面而言，高校德育管理更为复杂。德育管理旨在通过加强实体化管理，建立德育质量保障体系、完善德育工作控制系统和健全德育约束机制，运用科学合理的方法发挥德育的作用，以求切实明确高校各部门及相关人员的德育责任，提高德育实效。

(2) 调动德育工作者的积极性。德育工作者是高校德育工作的保证。德育的科学管理，一方面要根据德育目标的要求，对德育工作者的行为实行必要的监督和限制；另一方面要鼓励、支持和强化德育工作者的符合社会需要、为社会所要求的愿望和追求，使之转化为从事工作的内在动机，使德育工作者的心理活动保持一种能动

的活跃状态，具有强烈的学习和工作的欲望并做出行动，既有争取优良工作绩效的意志，又有研究改进工作的创新精神。

（3）发挥德育组织的职能。德育组织是德育管理的直接载体，为了实现一定的德育目标，人们按照某种方式结合而成的正式群体，称为德育组织，如高校的党（团）组织、少先队组织、年级组、班级等。基于这些不同组织的存在，高校德育工作才能正常地开展。如何利用、管理好这些组织，使它们有效地服务于高校的德育工作，是高校德育管理需要思考和解决的问题。加强德育管理，就是要依据科学的德育管理体系，建立有特色的德育管理体制，从而理顺德育组织内外的各种关系，充分发挥德育组织的凝聚力，从而使得德育工作卓有成效。

（4）营造优良的教育氛围。校风是高校全体成员的作风，是高校成员在思想、学习、工作、生活上表现出来的相对稳定的态度和行为方式的总和，如学风、教风、高校领导作风等。从高校管理的角度来看，校风是一所高校的办学思想、管理意识、管理制度、管理价值等方面的外在表现；从高校伦理价值的角度来看，校风又是对高校的基本精神状态和道德风貌的总的概括。优良校风的形成，会成为一种强大的感召力和约束力，能够对高校每个成员产生潜移默化的影响，在无形之中使高校组织凝聚在一起。校风建设是德育管理的重要内容，良好校风的形成，意味着高校良好教育氛围的形成。

（5）协调各方的教育力量。高校德育是一项系统过程，其中涉及对诸种影响因素的综合考虑和各方教育力量的协调。加强德育管理，就是要通过组织、协调、指挥等职能，把校内外各种可调动的德育因素科学、合理地组织起来，并按照统一的目标和计划相互协调地发挥作用，以求取得整体的德育效果。就高校外部而言，意味着需要从高校实际出发，开发和利用各种德育资源，创设各种有利情境和机会，加强高校和社区之间的联系，促进教师和家长之间的沟通，由此整合高校、家庭、社会的教育力量和影响，发挥德育的整体效果；就高校内部而言，意味着需要突破单一依靠德育组织或德育工作者的状况，调动高校内部各种教育资源和力量，最大限度地发挥校内各种力量的德育功能。

（6）促进高校整体的德育管理。德育管理是整个高校管理的重要组成部分。作为整体存在的高校环境中，德育工作的开展，需要同智育、体育、科研、后勤等各项工作紧密联系。作为各育之首的德育，其管理对其他各育的管理具有先导、指引的作用。因此，加强德育管理，不仅意味着需要高校其他各育管理的支持和配合，也意味着可以直接影响和促进高校其他各项管理工作的全面改善，德育管理对高校管理的整体工作有较大的促进作用。

2. 高校学生德育管理的基本内容。

（1）高校德育管理的目标。高校应根据外部环境和内部条件，制定出本校德育的总体目标、阶段（学年或学期）目标和层级（各部门、年级、班级）目标，并且要处理好总目标和子目标、整体目标和局部目标、长远目标和近期目标、组织目标和个人目标之间的关系，形成德育目标网络体系，对各级各类目标的完成情况进行相应的指导、督促和评价。因此，高校德育目标管理是高校德育工作成效的衡量尺度，对高校德育具有导向、激励、凝聚和评价的作用。

（2）高校的德育计划。德育计划管理是德育管理的首要内容，是其他德育管理活动的重要基础和依据。高校根据德育目标和德育管理目标，制订周密的德育工作计划，明确各个阶段的德育工作内容、重点和要求；制订具体的德育活动计划，明确不同学习阶段德育活动的侧重点，并依据各个学习阶段的活动内容，从途径、方式、方法等方面提出要求或建议；通过检查、督促德育工作的执行情况，使德育计划落到实处。由此可见，德育计划管理是一项依据现实、预测未来、设立目标、计划决策并科学地配置现有德育资源的工作，其可以使高校德育工作获得最大成效。

（3）高校的德育组织。为了实施高校德育计划、实现德育目标，需要建立德育组织系统，加强德育组织的管理。而德育组织管理关系到德育组织的建立和运行状态，进而在一定程度上决定着德育计划的成败。德育组织管理，首先要建立健全德育管理组织机构，形成一支德育工作队伍，将德育任务细致分配到全校各个部门、各个组织机构以及全体工作人员，并协调好各机构、部门之间的关系，凝聚高校内部教育力量；其次，组织家庭、高校、社会等力量，互相配合、协作，保证德育影响的一致性；最后，提高德育管理过程中各种资源（人力、物力、财力或时间、空间、信息等要素）的有效利用。

（4）高校德育制度。德育制度是德育各项工作开展的依据和保障。建立和健全各种德育管理制度，其中既包括全校师生员工、学生要遵守的规章、规定和规则，也包括高校德育机构设置、德育队伍建设、德育资源的开发和利用等方面的规章制度和管理条例，并要保证这些规章制度的有效实施，能够及时地调整、修改、补充、完善这些规章制度，做到有章可循，有据可依。

（5）高校德育环境。高校德育环境是指开展高校德育活动所具备的内外时空条件的总和，包括高校外部环境和高校内部环境。对高校的外部环境而言，包括一定时期下的经济、政治、文化背景和社会、家庭、传媒等资源，这时德育环境管理意味着在社会环境的大背景下，通过多种渠道，取得与社会各方力量的联系与沟通，加强对德育工作的支持和配合；对高校的内部环境而言，包括高校师生关系、校园文化传统、高校和班级的空间布置等，高校德育管理就是要加强高校物质环境和精神环境的双重建设，其中文化建设尤其重要，加强教育环境建设、形成良好校风和高校传统，充分发挥环境对高校思想品德形成的潜在性、持久性的功能。但是，就一般意义而言，德育环境专指高校内部环境，即为促进学生品德形成和发展而有意识创设的环境。

（6）学生品行管理。学生品行管理属于高校德育管理的一项基本内容，由于它直接涉及德育工作的受教育者，所以能够直接体现高校德育管理的成效。学生品行管理涉及学生的日常行为活动，包括生活习惯、学习习惯、人际交往习惯等，如何帮助学生养成良好的品德习惯，是高校德育工作的主要内容，是德育管理工作的中心任务。

（二）新时期高校学生德育组织体系与运行

健全的高校德育组织体系，就是所建立的这种组织体系适合完成德育目标，具有系统性、完整性、全方位性，能够将有关的德育工作者组织起来，并根据客观环境的变化而进行整体性运作。

按照人们对高校管理过程的一般理解，可以把德育管理过程区分为计划、组织、沟通、协调、督导（或评价）等五个功能性环节。依据高校管理过程的功能性环节，可以把德育组织运行看作是由目标、计划、检查、总结等四个环节所构成的整体。

1. 高校学生德育管理的目标。德育管理是为实现高校德育总目标服务的。在不同的学习阶段，有着不同的德育目标，在不同地区、不同高校，也有着不尽相同的校本德育目标。如何把德育目标分解为具体化的、可操作性强的目标，充分调动高校的人力、物力、财力资源，协调好各方教育力量、各种教育影响因素之间的关系，便涉及德育组织目标的制定问题。良好的德育组织目标，指明了高校德育工作的具体方向，明确了不同阶段高校德育工作的重心，有利于增强德育工作的针对性和目的性，有利于对高校内部各种组织或机构、各种人员提出明确而统一的工作要求，有利于调动德育工作者和广大教师参与德育工作的主动性、积极性，从而使高校德育工作落到实处、取得实效。

德育组织目标的设置，要以德育目标为指引，充分考虑高校学生思想品德发展的特点和水平，充分考虑本地、本校的实际情况，要对高校德育管理工作具有明确的指向性和指导意义。在目标设置过程中，既要遵循学生思想品德形成和发展的规律，从学生的思想品德的实际出发，又要关注德育所面临的新形势、新任务，从而满足个体发展和社会发展的需要；既要体现现实性、连续性，又要体现前瞻性、超前性，以求较好地发挥德育管理目标的指导作用和指向功能；既要体现德育的统一要求，又要反映本地、本校的实际状况，使德育组织目标具有针对性、实操性；既要体现校长的办学理念，又要切合高校德育工作的基础和条件，从而有利于教师和学生全员参与、全程参与。

2. 高校学生德育工作计划的制定。德育组织目标要想发挥实效、付诸实践，要有一个周密的计划和安排，以保证德育管理目标能够有步骤、分阶段地得到落实。周密的德育工作计划可以使德育管理者与被管理者有的放矢地开展工作，有利于协调高校各方的工作步调，是使德育目标和内容得以层次化、序列化的重要保证。制订德育工作计划的基本要求如下：

（1）以德育组织目标为指引，实事求是，切实可行。在计划制订过程中，依据高校在一定时期或发展阶段的德育管理目标，针对学生的思想品德的现状和发展水平，从高校人力、物力、财力等实际情况出发，有步骤、分阶段地安排德育工作。

（2）合理分工，优化德育资源配置。根据高校有关机构或部门的性质和特点优化德育资源的配置，对德育工作任务进行合理分工，并从有利于达成德育目标和德育组织目标的角度，设法优化现有的德育资源配置，并通过多种渠道、多种方式，不断开发新的德育资源。

（3）提升工作计划的针对性、有效性。要充分发挥教职工的积极性、主动性，让他们参与德育工作计划的制订并明确各项工作的具体要求，促使他们把高校德育工作计划转化为不同岗位的具体工作任务和要求。德育工作计划的制订要服务于德育目标，服务于学生的成长，在实际操作中，要努力避免形式主义、长官意志，避免德育组织目标高于甚至掩盖德育目标、学生的成长屈从于管理者或教育者的个人目标等不良现象的发生。

3. 高校学生德育工作的检查评估。以检查评估为抓手，制定和完善评估标准，采取高校自查、专家检查评估的方式，狠抓各项措施落实，能够切实加强和改进大学生思想政治教育工作。

一是通过检查评估，可以进一步明确"育人为本、德育为先"的指导思想，建立和健全党委领导、校长及行政系统主实施的德育管理体制，不断加强组织领导，提高认识，确保德育工作在学校工作中的优先地位。

二是通过检查评估，着眼师德建设，狠抓教书育人、管理育人、服务育人工作落实，把"三全育人"职责履行情况作为教职工年度考核重要内容，与评优、晋职晋级和津贴发放挂钩。

三是通过检查评估，进一步加强师德建设，有力推进"三全育人"工作，使教职员工良好的思想政治素质和道德风范影响和教育广大学生。

四是通过检查评估，进一步整合德育内容，创新德育形式，聚集德育力量，提高德育实效，努力搭建学生成才成功的新平台。

五是通过检查评估，进一步促进各高校重视解决学生学习、生活、成长发展中的实际问题，不断完善帮助学生成长、解决学生困难、方便学生办事、维护学生权益的服务体系，为学生的健康成长服务，并努力把解决学生实际问题与解决学生思想问题相结合。

4. 高校学生德育的工作总结。总结是德育管理过程的终结环节。德育管理总结的基本任务是：对整个德育管理过程进行回顾，做出评价、找出成绩、发现问题、概括经验，为确定下一阶段的德育管理目标、制订新的德育管理工作计划及实施方案奠定基础，从而使德育管理过程有效地进入下一个管理周期，促进德育管理过程的螺旋式上升，由此不断提高高校德育管理工作的效果和水平。

在德育管理过程中，进行德育管理工作总结要注意：一是把总结和目标、计划、检查等四个环节看作是一个完整过程，总结要从德育组织目标出发，依据德育工作计划，基于对德育管理工作的检查结果进行。二是总结工作要实事求是。三是提高认识，注重分析。要提高全体人员对总结这一环节的认识，运用多种形式，如全面性总结、专题性总结等，引导大家相互交流、相互启发，归纳出有益经验，分析存在的问题及其原因。四是表彰先进，激励各方力量不断改进德育管理工作。在可能的情况下，要针对总结中发现的问题，提出下一阶段进行改进的意见或建议。

（三）新时期高校学生德育管理的重要载体

1. 高校学生德育管理规范的意义。高校管理规范是教育系统各级成员（或机构）在教育活动中共同遵守的规定和标准，是高校管理的基础工作，对保证高校正常运转，提高德育管理水平具有极其重要的作用。高校管理规范是教育系统有效运转的基本保证，对提高我国高校管理效率有重大的意义。作为庞大而又复杂的高校组织体系，要想有效运转，就需要一定的规范来统一高校内各成员的个体行为。管理规范以统一而全面的方式指导教育体系的运行，使教育系统内各部分发挥自身最大的效益，同时，合力促进我国教育发展的整体效益。

高校管理规范是加强高校德育工作的基本依据。高校管理规范体系中的德育管理规范直接指导高校的德育工作，使各级各部门的德育工作能够有效开展，德育管理规范自身的评价功能让德育在评价与反馈的过程中能够有效进行。高校管理规范是实现高效德育目标的重要保障。高校管理规范引导整个教育体系和高校主体的运行，各机构、岗位成员按管理规范行事，使得各部分的力量互不冲突、相互配合，这也为实现高效德育提供了重要的环境保障。

高校管理规范是提高学生自主管理能力、引导班级自治的重要手段。高校管理规范以直观的条文规定了教育系统内各成员（机构）的职责，同时，对学生的自主行为也进行了规范。学生参照这些标准能够规范自己的行为，也能制定班级范围内的守则，对班级进行管理和自主自治。我国各级针对性的高校管理规范也为学生自主、班级自治的实现提供了可能。

2. 高校学生德育管理规范的类型划分。高校管理规范对高校内各成员的所有个体行为做出具体的要求，因而高校管理规范设计的内容相当广泛，它的分类也多种多样。

（1）按照高校管理规范的性质划分，可分为正式和非正式的管理规范。正式的高校管理规范由权力机关制定，有具体的文本；非正式的高校管理规范属于隐性的管理规范，具有临时性，常存在于班级管理中或突发的高校管理事件中。

（2）按照管理规范的形式划分，可分为制度性高校管理规范和非制度性高校管理规范。制度性高校管理规范由具有一定强制力的管理机构执行；非制度性高校管理规范则不通过强制手段强迫高校内各成员或机构执行。

（3）按照规范的内容进行划分，主要可分为对教育人员和教育对象的管理规范、教学管理规范、德育管理规范、总务后勤管理规范、安全管理规范等。对教育人员和教育对象的管理规范包括教职工管理规范以及学生管理规范，其中教职工管理规范包括对高校领导机构、行政机构的工作人员以及教师的管理，涉及职责认定、行为指导及聘评规范等；教学管理规范指对教学岗务职责、教学程序、教学设施、教学评价的规范化管理，部分高校也将教研管理纳入教学管理规范；德育管理规范是指高校对德育工作的要求，包括对高校德育组织、高校德育内容、高校德育活动、高校德育考核等的规范化标准；总务后勤管理规范是指高校对后勤人员的后勤工作以及后勤设施的管理规范；安全管理规范是高校对师生生命和财产安全的管理要求，包括具体的安全措施、各级的安全职责以及日常安全常规。

（4）按照规范的适用范围划分，可分为全国性高校管理规范、地方性高校管理规范、校本性管理规范以及班级管理规范。

3. 高校学生德育管理规范的特性。规范是调控人们行为的、由某种精神力量或物质力量来支持的、具有不同程度普适性的指示或者指示系统。管理规范即是某一组织（或组织体系）根据自身需要而提出的、用以调节管理对象（人或机构）行为的标准、准则或规则，它通常以文字的形式规定管理活动的内容、程序和方法，包括管理条例、章程、制度、标准、办法、守则等。

（1）高校学生德育管理规范的科学性与系统性。管理规范总是不同程度地反映着社会生活的某种因果必然性，而不是任意制定的，它是对与人的行为相关的客观规律和客观必然的把握。管理规范作为行为的指示，具有操作的可能性和达成预期的可能性。管理规范要维持效力，除了本身的科学性外，还需要系统性对之加以保障。这不仅要求管理规范要有全面的内容和体系，还需要管理规范得以搭载的统一的观念体系，使其所指定的目标和行为准则不是孤立地存于制度规范之外。总言之，管理规范要成为人们的行为准则，它本身就应当准确、健全、统一，不能模棱两可，更不能相互矛盾。

（2）高校学生德育管理规范的价值性与评价性。管理规范的确定在规定其具有"真"的成分外，还需规定它有"善"的内涵。作为指示性的管理规范，它先于行为而存在，并期待着某种行为的实施及其结果的发生。但在行为发生后，管理规范转变为一种评价标准，用于考察主体行为结果是否符合主体（包括个体与群体）的目的。

（3）高校学生德育管理规范的规范性与强制性。高校管理规范就是用规范化的要求来指导高校的运行，并以之来指导和矫正高校内各成员的行为，使他们的行为符合高校组织体系运行的要求，同时，管理规范对所有对象都有严格的约束力，任何人不得因为任何原因而违反，否则会受到管理规范执行者的指责甚至惩罚。

（4）高校学生德育管理规范的公开性和权威性。与管理规范的指导作用相适应，管理规范要具有公开性，以简明扼要、通俗易懂的形式呈现，方便管理对象了解、掌握，从而发挥管理规范的作用，使之获得有效执行；管理规范由具有权威性的特定机构制定，因而具有权威性，这也是强制性得以保障的需要。

（5）高校学生德育管理规范的相对稳定性与发展性。管理规范一经批准就公开实行，并在一定的时期内要保持稳定。随着社会的发展和人的诉求的变更，任何组织（或组织体系）都不是固定不变的，自有其发生发展的历史。当组织（或组织体系）的目标发生变更时，其所规定的各种规范也要随之变化，管理规范要及时反映本组织（或组织体系）的利益与目标。

二、新时期高校学生系统化管理及其创新路径

（一）新时期高校学生社区化管理及其策略

1. 高校学生社区管理的认知。随着我国高校改革的进一步深入，以寝室为单位的学生社区的地位日益突出。学生社区（简称为学区）是社区概念在学校管理中的反映，是大学生在校学习、生活、休息的基本活动场所。社会学研究表明，第一社区是一种地域上的存在，第二社区实质上是人的聚居与互动。就第一层意思而言，社区的特点是居民的共同居住；第二层意思则表明社区具有文化功能。就一所高校而言，学生社区指这所高校的所有寝室和周边环境（学生公寓）以及这种环境所能达到的最大的育人功能。

（1）高校学生社区管理的产生。

第一，我国高校学生的社区管理越来越现代化、国际化，与之相对应，我们需要创建与现代化、国际化相适应的管理模式。随着我国教育的发展，高校的学生数量在逐年增多，学校扩招导致的后

勤设施不足的状况急需解决。为此，我国的高校学习了国外高校后勤管理体制，向社会寻求资金支持、贷款或者集资建设后勤设施，建设了大规模的学生公寓，并且对学生公寓进行社会化的管理，健全了学生学习所需要的住宿、餐饮、娱乐、学习设施，为学生提供了稳定舒适的学习生活。但是国外社会化的后勤管理体系难免与我国高校普遍实行的传统教学管理体系相违背，也就是说，学校内出现了两种体系。对主要的行政管理实行的是我国的传统管理方式，对学生的社区实行的是西方的社会化管理方式，体系的不同给高校的学生管理工作带来了挑战，如何通过两种不同的体系对学生实行统一的现代化的素质教育、人格教育成为我国高校要解决的新问题。

第二，随着我国教育的发展和改革，我国的传统管理模式已经无法满足现代教育的需求，尤其是学分制在高校的普遍应用，淡化了传统的班级概念，学校所开展的思想政治教育正在改变传统的班级授课形式，随着社区建设越来越完善，社区逐渐成为与大学生生活和学习息息相关的场所，学校也开始着手对社区服务进行快速建设，改善社区的环境，提升社区的文化建设和管理服务质量，着重研究如何进行设计管理，使用何种模式进行管理，这也是社区的快速发展所带来的需要高校解决的新问题。

第三，学生的群体特征在不断地变化，为了更好地开展高校的思想政治教育工作，学校需要建立更符合学生需求、教育成效更好的新管理模式。学校的思想政治教育处于动态变化之中，思想政治教育工作者应该根据变化及时地改变教育方法。我国的教育发展越来越现代化，越来越国际化，尤其是近年来开展的教育和教学改革，高校的教育已经形成了纵向的更深的发展趋势。在这样的情况下，如何坚持社会主义，开展社区管理，成为高校发展需解决的问题。如何建立符合学生需求和高校实际发展需求的新管理办法，如何对高校进行科学有效的社区管理，都是当今时代高校思想政治教育工作需要考虑的新问题。

（2）高校学生社区管理的内容。高校学生社区管理的内容主要有两个：一是区域环境，指的是学区既是校园的组成部分，同时也是学校的一个管理部分，即在地理上属于校园环境，是学生的居住区域，而在结构上又属于学校的管理范畴，所以说学生社区和学校之间存在隶属关系；二是区域所具有的文化功能，一般高校实行的是学分制的教学，学生之间的专业界限、班级界限或者是年级界限变得越来越模糊，学生之间的交往越来越密切，对于居住社区的要求也越来越多，社区逐渐出现了满足学生和外界交流的功能，社区的文化功能更侧重体现在社区环境和居住环境的统一，文化功能可以对社区居民进行文化教育。因为文化功能的存在，学生社区便多了一份责任，要承担起对社区的教育功能，学生社区也因此表现出了更加明确的目的。

高校学生社区管理的主要目的是将社区变成学校德育培养的场所，进行社区管理主要是将学生培养成有道德、有素质的社会公民。让彼此之间能够和谐友爱地相处。进行社区德育的培养，是因为社区的现代化要通过高素质的人来实现。

社会现代化最根本的目标是实现人的现代化，也就是人的意识和才能方面的现代化，社区是社会的一个基本组成部分，也是居民主要的生活场所，更是能够体现居民现代化思想的地方。只有居民的意识形态现代化了，人才能在社区中良好和谐地共处，社区才能形成良好的氛围。

学生社区的特点在于，社区内的群体是学生，高校要培养学生作为社区居民处理社区内事务的思想。也就是说，学生社区管理主要培养的是学生与不同专业、不同年级、不同性别的其他学生和谐共处并成为良好合格居民的能力，不仅如此，还应该培养学生积极参与社区管理，维护社区公共环境的意识。学生社区管理的建设类似于学校对学生进行的人才培养，人才培养的实践向社会输送的是高级人才，学生社区管理建设向社会输送的是高层次、高品质的居民。

综上所述，不难发现学生学区和城市普通学区、农村社区是不同的。学生学区的特点是它隶属于学校，并且学生是流动的，它由相关的社区管理人员进行管理，除了提供必要的物质功能，还存在育人功能。它以社区的形态存在，同时承担对社区内的居民——也就是学生——进行道德和品德教育的责任，并且培养学生积极参加社区管理、创新创造的意识。和普通的学区一样，学生社区也有一种归属感，代表的是回归家庭的温暖，表现出强烈的情感力量，是学生在学校对物质环境的依赖地点。在学区之内，学生之间关系的建立主要依赖于互相帮助、互惠互利，关系的建立是自愿的，是学生自主思维的体现。学生只有参与到学区活动中来，才能体现出学区存在的意义，才能表现出学生性格、思想中的多样性。

2. 社区化管理的策略。在高校对学生实行社区化管理有助于学校加强内部区域管理，也有助于提高学生对社会发展的适应程度，同时也是对学生进行思想政治教育的一种途径。高校在开展社区化管理时可以参照以下四个策略：

（1）加强实践探索和理论创新。对于学生的培养，每一个方面都由不同的学校机构负责，比如专业培养由学校的教学机构负责、思想政治教育由学校和学院的学生机构共同负责、学生的生活由学校的后勤部门负责，但是对于学生未来在社区中的生活所需要的能力和思想培养，却没有具体的部门来承担责任，这对于高等教育中学生的全面培养来说，无疑是一个很大的漏洞。所以，高校应该抓紧建立学生社区，将学生培养成遵守社区规定、具有社区责任感的文明公民，发挥出学区的育人职能。建设学区既能形成良好的校园育人环境，也能带动学生参加社区管理，培养社区责任感和为社区服务的意识。在学校管理中加入社区管理，明确社区管理的管理地位，有助于完成对学生未来社区生活规范和意识的培养任务。

所以，为了解决学区培养问题，学校应该加强理论建设，秉持开放办学的理念，不断地学习和探索，加强理论创新建设。开放理念有助于学校理论建设站在更高的视角，扩大了理论建设涉及的范围，可以更好地通过学习和比较，不断地完善学校自身的理论建设，为创新做好基础准备。理论的建设和创新需要通过实践的加持，各个学校之间的积极交流有助于丰富理论建设经验，通过经验与理论的结合，可以促进社区建设的纵深发展。

（2）完善运行体系、解决机制问题。学生社区的建设需要完善运行体系，建立健全社区机制。学生社区的机制建设需要涉及三个方面：

第一，学生社区的运行机制。该机制是保障社区有序稳定运转的基础，该机制为学生提供设施服务和其他相关服务，目的是保证服务质量，提供稳定的功能服务，功能服务具有周期性的特点，是社区服务和功能的有序、循环、可持续运行的保障。除此之外，运行机制还具有非营利性，非营利性指的是学生社区的服务和功能是学生自发的，学生通过自我服务和自我功能的调节，保障社区运行的服务质量。同样的，社区的服务质量也代表了学生社区的形象，是学生社区存在的意义。

第二，志愿者参与机制。志愿者参与机制涉及社区的人文建设和文化建设，志愿者体现的是社区的文化建设水平，志愿者的数量和质量代表了文化建设水平的高低，志愿者说明学生社区内的学生是积极、主动、有意识地参与社区服务的，这本身就是社区文化建设水平的高度体现，而且志愿者的存在有一种榜样作用，对于学生思想的转化、思维的转变都是有促进作用的，可以促进社区的和谐文明建设。

第三，社区内部的激励机制。建设有效、科学的激励机制，可以促进运行体系有序、稳定地运行。

（3）调整教育管理结构与管教关系的平衡。学生社区的创新建设是一项复杂的工程，在建设的过程中需要调整原有的数据结构，处理好学区教育和学区管理之间的关系，最基础的工作应该是调整学生工作的结构，建立适应学生工作需求的规章和体系。教育管理结构与管教之间关系的平衡需要处理教育平台、教育方式和管理载体等因素之间的关系，具体表现为：

第一，需要协调好社区总管理委员会和下属各级学生社区管理人员之间的纵向关系。每个学生社区的管理委员会都会设置三个职能，首先，总管理委员会设置专职政工，主要负责制定学生社区的政策，联系和社区管理相关的机构，指导学生社区的具体工作；其次是各个分委员会，他们主要负责学院的学区管理工作，根据学生专业的不同进行管理职能的划分，具有相对独立的特点，与此同时，分委员会和总委员会之间保持隶属关系；最后是各个支部委员会，支部委员会是学生社区中管理委员会的基层组织，他们主要负责具体的楼层管理和寝室管理，如果涉及能力范围之内的学区事务，也会和相关单位交涉管理事务，也具备独立的工作能力。

第二，需要协调好校学工部、团委和学区总管理委员会之间的关系。学生社区总管理委员会和校学工部之间是隶属关系，学生社区管理的总管理机构掌握管理权，权力主要体现在学生社区维权方面。学生社区如果想维权，需要通过管理委员会和其他部门进行交流和沟通。学生社区总管理委员会和团委之间的关系主要体现在团委会参与学区的思想政治教育工作。各个学院的团委一般情况下会负责学院学生的整体工作，以共青团为连接形成一个集各个院、各个班级、各个辅导员于一体的思想政治教育网，在教育网中，学院会通过辅导员对学生的思想、纪律以及寝室生活进行整体的管理，这样的管理方式有助于活动的开展、宿舍的管理和学生思想的建设。团委是学生密切接触的校园组织之一，也是学生思想政治工作的主管部门，团组织对学生社区的介入有利于学生社区文化的建设，有助于形成良好的文化氛围，引导学生社区文化更快更好地发展。

第三，需要协调好校学工部和社区之间的关系。关系主要分为两种：一是高校的学生社区只有本校的学生，二者之间的关系可以通过专业这一桥梁联系起来，按照专业分配学生寝室，使宿舍呈现出专业区域特点，以专业为基础开展基层工作，组织和解决学生的生活问题、思想问题，而且校学工部可以通过学生会联系各个支部委员会，将基层学生的工作由班级形式向寝室形式转变，以寝室为单位开展学生校区内的各项活动；二是由多所学校形成的共同学生社区，这种学生社区中，学工部和社区之间的关系需要通过大学城的学区管理委员会进行协调，如果在学区内开展相关活动和工作，学校除了考虑自身的需求之外，还可以以大学城社区管理委员会为载体扩大社区活动的影响，产生更大范围的教育效应。

第四，根据学生社区职能，设立相应的管理机构。从人事的角度进行处理，在大学城管理总委、分委、支委上各自安排人员以执行这三大职能。学生社区管理支委设学生社区区长一名，副区长一名，志愿者队长一名，也可根据实际情况适当增加管理人员数量，从而形成以学生社区区长、志愿者队长、楼长、宿舍长为主的学生社区管理基层机构。

校院级学生社区管理机构可在原有学生寝室管理机构的基础上合理增加或加强学生社区的相应职能（例如学生权利维护等）。这种管理方式并未对原有的学生管理结构做大幅度的调整，从而使其更具有现实的可行性。学校、学院、楼层（或公寓）三级管理有助于发挥参与者的不同优势，校学工部、院学工办和院学生会的介入使学区工作顺利地纳入学生工作轨道，从而保证原有学生工作的连续性，方便学校相关部门对学区工作进行帮扶指导。当然这种管理布局也不是适合所有院校。对此，还有一种更加彻底的解决办法，将学生会组织直接设立在各个学区之上，由校学区管理委员会和校团委直接指导各个学生社区的工作。

第五，制度和机构设置要同步。为了学生社区工作的顺利开展，制定相关制度是必要的。但从目前学生工作的状态来看，能否保障学生社区管理委员会具有相应的学区管理权利，能否保障学生作为学区居民与学校、后勤等部门具有平等对话的权利以及能否保障学生通过民主渠道参与学区乃至学校相关事务是影响学区生命力的决定性因素。

第六，细化管理规章，解决管理的薄弱环节。这对由多所学校组成的大学城的管理尤为重要。一定要通过管理规章的细化与统一，解决不同学校在管理上的疏漏。

（4）把握高校学生社区化管理。

第一，高校可以以智能化管理作为学生社区的管理方向。智能化是运用现代技术手段建设学生社区管理网络，为学生提供生活和学习上的便利，也为管理带来方便。现代科技的进步为管理提供了更多的方式，相比于传统管理更加高效，服务也更加周全，对学生宿舍进行互联网管理主要体现在以下方面：学生公寓进出需要刷卡验证，这样可以有效禁止外来人员的进入；对宿舍的电费、水费以及学生的床位进行智能化的管理；增设网络查询功能，可以查询宿舍管理人员的电话信息、火车的班次、住宿费、网费、水费、宿舍卫生考评结果等等。网络将学生的日常生活和外界进行了有机结合，网络服务平台的建立为学生的生活带来了更多的方便，也为管理提供了更多的方式。

在学生社区实行智能化的管理方法有助于促进学区管理方式的合理化、科学化，而且信息技术的应用对于学生社区的管理来说，既提高了管理的安全性、工作的准确性以及工作的效率，又解决了以往单纯靠人力无法解决的问题。而且计算机技术可以对学生的基本情况进行动态的管理，这样有助于管理者和学生之间的有效沟通，有利于信息的流动，对于管理的科学化、合理化也有促进作用。

第二，高校可以以人性化管理为学生社区的管理方向。人性化的管理方式指的是通过情感来实现管理。人性化的管理需要尊重被管理者，在尊重的基础上，以情感服人，这样的管理方式下的被管理者会以满意或者满足的心态开展工作，在工作中投入极佳的精神状态，能够提高管理的效率。人性化管理并不完全是情感的放任管理，而是在法律和理论的基础上结合情感进行的管理，这种管理对于社区管理来说也是适用的。

实行人性化管理的基础是以人为本，尊重学生的想法，并且相信学生的能力，引导学生进行自主性管理和创新管理。学生并不是没有自我思想和自我能力的群体，在实行管理时务必注重尊重学生的想法，找到学生身上的优点和个性，以尊重的态度，对他们进行管理、关心、教导。

实行人性化的管理需要管理者具备更高的素质。管理者必须正确认识师生关系，以平等的态度和学生进行交流和教育。人性化管理注重的是个人的情感魅力、人格魅力，通过情感作为连接实现管理者和被管理者之间的友好相处。在具体的管理过程中，管理者首先要严格的要求自身，根据学生的需求、尊重学生的意愿进行制度的设计，充分考虑制度的可实行性、可操作性，而且在制度执行上要公平公正，针对特殊情况可以进行灵活地运用，对学生的管理要以感情为先，先建立良好的关系，在平等的相处过程中进行思想政治教育和社区的管理。

（二）新时期高校学生社会实践化管理与创新

1. 高校学生社会实践化管理。

（1）高校学生社会实践的内容。随着教育的发展，高等学校增加了很多人才培养方式，实现了多元化的人才培养，其中，社会实践就是非常重要的培养途径。社会在不断发展和进步，时代也在变迁，不同的时代对人才的需求也是不同的，传统的理论知识传授已经无法满足现代社会对人才的新需求。现代社会不仅要求人才具有知识储备与实践动手能力，还要有科学的认识观、价值观，以及对职业有较高的责任感、较强的心理素质、道德水准等。这些要求是课堂理论知识教学无法完成的，所以需要在教育中加入社会实践，社会实践的存在可以全方位地培养人才，社会实践也越来越得到教育学家的重视。

社会实践是实现高等教育教育目标的一种教育形式，社会实践的开展有目的、有计划，通过参与具体的生活生产和社会劳动体验社会现实，培养知识技能，形成对社会的正确认识，这也是人生观的塑造过程。社会实践对于大学生的培养来说是非常重要的，它与理论知识相辅相成，实现对人才的全面培养。

（2）高校学生社会实践的意义。

第一，高校开展学生社会实践可以帮助学生树立正确、科学的世界观。世界观指的是人们内心对世界的看法，每个人都会有自己独特的世界观。世界观的形成受人的生活环境、教育过程影响，不同的生活环境和教育过程形成的世界观都会有所差异。从世界观本身出发，世界观可以分为正确的世界观和错误的世界观，正确的世界观是正确世界观念的理论升华、系统总结。高校培养学生形成正确的世界观念，可以从两个方面入手：首先创造大学生和社会接触的机会，了解世界的本质，不被表象所迷惑，不会形成对表象的肤浅认知或者是错误想法，认清世界的本质规律；其次，通过学校教学进行世界观念的训练，帮助学生认识正确的世界观念，并且指出世界观塑造过程中容易走偏的阶段，通过正确世界观念的塑造使学生不断地对自己进行思想的反思。正确的世界观有助于将学生培养成合格的青年，因此，塑造正确的世界观是非常必要的。

第二，高校开展学生社会实践可以帮助学生提高自身能力。在应试教育的背景下，我国大学生很少接触现实社会，对社会的了解不足，缺乏社会生活经验、社会阅历。在校园内开展社会实践有助于弥补大学生此类能力的不足，在实践活动当中，学生可以将学到的理论知识和实践融为一体，丰富的实践活动不仅可以提高学生的动手能力，还能开发学生的智力。通过实践来检验书本所学到的理论的正确性，可以为以后的理论学习储备实践基础和实践经验，从整体上提高大学生自身的能力。

第三，高校开展学生社会实践是我国社会主义建设的需要。大学生是我国未来发展的希望，是我国社会主义的接班人，在校园内开展社会实践有助于大学生了解社会主义建设的政治、精神、经济和文明，在具体的社会实践过程当中，可以更好地体会我国的国情文化，为我国社会主义的现代化建设贡献自己的力量。

第四，高校开展学生社会实践可以满足大学生自身对社会化转变的需要。社会化的转变指的是从学校生活向社会生活的转变过程，社会化的过程可以帮助学生自然而然地过渡到"社会人"的阶段，大学是社会化的重要阶段，也是最后阶段，大学生相对而言已经发展成熟，但是仍需要做最后的努力和学习。

（3）高校学生社会实践的转变。社会实践可以从三个方面帮助大学生完成社会化的转变：

第一，开展社会实践可以提高大学生对社会的责任感、义务感。通过社会实践，学生可以深切地了解社会改革的艰难和复杂，并且意识到他们是社会发展未来的希望，社会需要他们参与到社会主义现代化的建设过程中，经历过社会实践之后，学生的社会责任感会明显增强，属于学生的清高态度明显得到转变，学生对学习的态度也将更加的积极。

第二，开展社会实践可以帮助大学生正确地认识到自身要成为社会人需要做出哪些改变。社会实践的意义之一，就是帮助大学生认清自身和社会发展需求之间的差距，并且不断地改进自身的缺点，更好地满足社会对人才的需要，而且社会实践也可以帮助学生认清自身价值，在复杂的社会中找到自己的人生意义和奋斗目标。

第三，开展社会实践可以增加学生和长辈两代人之间的理解和沟通。参与社会实践的大学生是以劳动者的身份在体验社会劳动，他们对通过体验得到的劳动成果会更加珍惜，也会理解长辈们劳动的不易，长辈们也会看到当代青年大学生的优点。总而言之，社会实践可以帮助两代人更好地理解彼此的优点，消除偏见。

2. 高校学生社会实践的创新途径。

（1）高校学生社会实践理念的更新。新时期不仅对大学生有了新的要求，同时赋予了大学生社会实践新的任务，要适应时代，就必须实现大学生社会实践理念上的更新。

第一，将大学生社会实践与建设社会主义新农村的需要结合起来。社会主义新农村的建设包括新农村的经济、政治、文化等诸多方面的内容。建设社会主义新农村，仅靠国家投入资金显然是不够的，广大农村还必须投入更多的智力资源、文化资源。大学生是掌握着一定基础知识和专业知识的青年知识分子，他们的参与，无疑会有效地促进社会主义新农村的建设。大学生加入社会主义新农村的建设，又会给他们的专业知识提供用武之地，使他们的实践能力得到提高。将大学生的社会实践与建设社会主义新农村的需要结合起来，意味着对大学生的社会实践在观念上要有一个更新或变革。

第二，将大学生社会实践与城市社区精神文明和政治文明建设的需要结合起来。将大学生的社会实践与城市社区的精神文明和政治文明建设的需要结合起来，持久、稳定而有效地开展社会实践教育活动，使大学生在促进城市社区精神文明与政治文明的社会实践中，自身也得到提高和锻炼。在这类社会实践活动中，大学生可以将高校思想政治理论课中所学习到的内容应用于实践活动中，既能将知识活用，又能深化理论认识，同时还可以通过自身努力，促使社会变革，成为推动社会文明进步的重要力量。

（2）高校学生社会实践载体的创新。

第一，建立大学生党员城乡基层接待室。如重庆交通大学，就在农村和城市社区建立大学生党员接待室，既将城乡基层大学生党员接待室作为保持大学生党员先进性长效机制的一种载体，又将其作为大学生党员和入党积极分子参与社会实践的载体。这种城乡基层大学生党员接待室既可成为大学生党员和入党积极分子了解社会的窗口，又可成为向工人、农民、市民宣传党的知识、党的政策以及国际国内政治、经济、社会形势的重要阵地，大学生还可在这个载体中与广大群众打成一片，为构建和谐社会贡献出自身的力量。

第二，建立大学生社会实践临时党支部。这也是重庆交通大学在大学生社会实践探索创新中建构的一个新生事物。通过建立大学生社会实践临时党支部，能增强党对社会实践的领导，并将党的意志、政策、主张贯穿于整个社会实践的全过程中，从而使整个大学生社会实践产生更大的政治文化效果和影响。

三、新时期高校学生管理手段及其法治化管理路径

（一）新时期高校学生管理手段

1. 高校学生管理中奖惩制度的内容。

（1）高校学生管理中奖励的内容。大学生在校接受奖励的主要内容有学习、文艺、体育、卫生、社会实践等方面以及奖励社会工作积极分子。在学习奖励方面，许多学校都设立了学习优秀奖，主要是奖励一学年内各门功课成绩均达到优秀的学生。在文艺、体育方面的奖励主要是针对学生课外活动设立的，以此来丰富他们的生活，发展他们的思维，开阔他们的视野。各高校近来大都开展了诸如艺术节、运动会之类的大型学生文体活动，内容丰富。时间长者一月，短者一周，学校还根据活动内容设立了各种各样的奖励项目。在卫生方面的奖励多是针对大学生宿舍建设方面设立的。学生宿舍是学生学习、生活的一个重要场所。为督促学生养成良好的卫生习惯，许多院校都开展了"创文明宿舍"或"星级寝室评比竞赛"等活动，这些对于学生宿舍的精神面貌及卫生状况的改善起到了很好的促进作用。

"社会实践奖"主要是为了鼓励学生走出校门，到火热的社会实践中去向工农学习，向社会学习，在实践中加深对国情的了解，注重实际能力的培养而设立的。"优秀学生干部奖"是专为学生干部设立的，其目的主要是通过奖励的方式对学生干部的工作成绩给予肯定。

（2）高校学生管理中惩罚的内容。根据大学的学习、生活特点，惩罚主要有以下内容：

第一，在政治原则方面包含的内容有：反对四项基本原则的反动言论和行为者；参加各种非法集会的活动者；私自结社或出版非法刊物者；扰乱社会秩序，破坏安定团结者等。良好的社会秩序和安定团结的政治局面是进行社会主义建设的必要条件，也是学校完成培养社会主义现代化建设合格人才的任务的必要条件。因此学校应禁止任何人利用任何手段扰乱正常的教学秩序和社会秩序及破坏安定团结的政治局面。一般来说对于违反以上原则要求的均可酌情给予勒令退学或开除学籍的处分。

第二，学生处分内容还应涉及学生可能违反法律、法令、法规或受到司法、公安部门处罚的行为。一般而言凡被司法机关处以警告或罚款（不包含交通违章罚款）者，根据情节，可给予警告或严重警告的处分；凡被司法机关收审（经审查纯属无辜者除外）或处以行政拘留者，学校可根据情节给予记过、留校察看、勒令退学的处分；凡被司法机关处以拘役、管制、判处徒刑（含缓期执行），可给予勒令退学或开除学籍的处分。

司法机关所处的"警告"是对违反治安管理行为最轻的处罚，"罚款"是对违反治安管理的人，限令在一定期限内缴纳一定数量货币的处罚。要注意，"款"与"损害赔偿"不同，损害赔偿不是一种处罚，而是指违反治安管理的人，对公私财产造成损失或对他人人身造成轻微伤害，依照法律规定应承担赔偿损失的责任。违反治安管理行为的"警告"或"罚款"，通常是性质和情节较轻的行为，应给予较轻的校纪处分。而对于违反交通管理且情节轻微的行为被司法部门处以警告或罚款的，可给予批评教育而不给予处分。

"行政拘留"是司法机关对违反治安管理的人在短期内（1 日以上 15 日以下）限制人身自由的一种处罚，也是治安处罚中最重的一种处罚，可根据实际拘留时间长短、错误情节及认错态度给予记过以上处分。

第三，在校纪校规建设方面对学生的处分应包含以下三点内容：

首先，破坏公共财产。破坏公共财产主要是指损坏、破坏公共财物的完整性或使公共财产丧失部分以至全部使用价值的行为。这种行为的特点是学生出于其他个人目的破坏公共财物。破坏公共财产处分的级别既要根据破坏公共财物价值的大小，还要根据破坏公共财物的手段的轻重程度等来决定。过失损坏公共财物的行为，一般应按损坏价值大小予以赔偿，但这种赔偿并不是处分。

其次，扰乱宿舍、课堂、食堂、考场、会场、图书馆、影剧院及其他公共场所秩序，妨碍学校或上级工作人员履行公务的，都应根据情节轻重给予相应的行政处分。

最后，在校内从事买卖活动和从事与学生身份不相符合的以营利为目的的经商活动者，除没收其商品外，亦应视其情节及贩卖商品数额的大小给予相应的行政处分。

2. 高校学生管理中奖惩考核体系的建立。

（1）实施奖惩工作的基本内容。大学生奖惩工作与思想政治工作或其他工作相比，其社会影响更为广泛。因此大学生的奖惩工作就具有很强的政策性。在大学生奖惩工作中，应具体注意以下内容：

第一，惩罚要有依据。对大学生的行为管理，主要依据国家规定的培养目标和各级主管部门及学校本身制定的规章制度、行为准则和有关条件。近年来，国家教育行政主管部门颁布了有关高校学生行为管理的办法及准则等。这些规定、准则和条例，是高校进行科学管理的最有权威的依据。各高校应根据这些规定、准则及条例结合本校实际情况制定若干细则和准则、条例，从而使学生管理工作有章可循，按章办事，以避免和克服管理工作中的随意性。有了规章制度后，还要广为宣传。要像全国普法教育那样，在大学生中进行校纪校规教育。有条件的学校，还可将有关学生管理方面的条例、规章制度及办法汇编成《大学生手册》，从而使这些规章制度真正成为大学生的思想素质准则和行为准则。

第二，奖惩要有人执行。规章制度建立后，具体的贯彻实施较为重要。因此建立一支训练有素、相对稳定的学生管理工作队伍，才能真正适应学生管理工作的需要，才能真正使奖惩这个学生行政管理的重要手段发挥出它的作用来。高校党政领导应重新评价和正确认识学生管理工作的地位和作用，增强学生管理干部的光荣感、责任感，从而选拔一批思想政治素质好、吃苦耐劳、具有一定的理论修养和实际工作经验、热爱学生工作的同志从事学生管理工作，并能定期从学生管理干部中选拔一批同志外出进修或去教育行政管理学院脱产学习。此外，还要注意改善学生管理干部的工作条件和生活条件，以解决他们的后顾之忧。

（2）实施奖惩考核体系的工作依据。学生综合测评内容基本上是按德、智、体三个大的方面进行考评。但是在具体实施过程中，智育和体育方面容易量化，而德育方面的考核工作是一个难度较大的问题，因为这里有一个"量化"的问题。对于大学生政治思想测评量化问题，目前全国各高校都处在探索和尝试过程中。人的思想政治品德，有其外在表现的一面，也有其内在心理素质和道德涵养的一面。这两个方面，特别是后一个方面，是比较难以量化的，起码是不能简单量化的。近年来，围绕大学生思想品德测评问题，高等学校思想教育部门及行政管理部门的同志进行了许多探索和尝试。

第一，大学生德育的量化考核。综合目前全国高校的德育量化工作来看，一般的做法都是从学生思想品德的实际出发，把德育考核分解成两部分，即基本素质（一般量化定为 60 分，称为基础分）和参考附加分（量化分为正分和负分两种类型），即德育成绩等于基础分60分加上考核附加分（正分或负分）。德育考核附加项的内容各校不尽一致，但大体都包括五方面的内容：①形势任务方面的内容，如参加时事政治学习和党团组织生活及校、系、班三级组织的集体活动的出勤情况；②学习态度方面的表现情况，如按时上下课，及时完成作业，遵守课堂纪律、考试纪律等方面的情况；③文明礼貌方面的内容，如尊敬师长，团结、关心、帮助他人的表现情况以及个人卫生、宿舍卫生，爱护公物，维护公共秩序方面的情况；④为同学及社会服务方面的内容，如担任学生干部和其他社会工作的工作情况；⑤大学生社会实践方面的内容，还有将在大学生中开设课程的成绩纳入德育考核范围的。

第二，大学生的智育考核。智育考核的一般做法都是以学生全年各门课程考试成绩为依据并设附加奖励分。即智育成绩等于本学年各门课程总成绩除以本学年课程总门数后的得分再加上奖励分。智育考核的奖励分一般是指课堂以外的专业学习及科研情况，如发表论文、参加专业知识方面的学习竞赛或某种发明创造等。

第三，大学生的体育考核。大学生的体育考核主要是对学生的体育课成绩、参加课外文体活动、早操出勤等方面的情况进行考核，有些院校将劳动课及义务劳动等方面的内容加入了该项考核。体育成绩考核也应确定基础分，即体育成绩等于基础分60分加上附加分（正分或负分）。

第四，大学生综合测评总成绩的确定。大学生德、智、体三方面总成绩的计算，即把德、智、体三方面分项考核的成绩乘以各自所占的百分比，然后相加，即是大学生的综合测评总成绩。德、智、体三方面各自应占多少比例，各校可以自行研究决定。大部分院校德、智、体三方面的所占的比例一般为德育占30%，智育占50%，体育占20%。

（3）学生处分的管理与报批程序。

第一，大学生的处分管理。大学生的处分一般均由学校行政具体管理和实施。从大学生所受处分的行为特点来看，一般涉及学校以下三个部门：教务处、保卫处、学生处。对于学生无故旷课、考试作弊等教学管理制度方面的违纪行为一般应由教务处协同系级组织调查处理；对于学生的违纪行为一般应由校保卫处协同系级组织调查处理；学生其他方面的违纪行为则一般应由学生处协同系级组织调查处理，如伪造涂改证件等行为。学生处分不管由哪个主管部门处理，全校违纪学生处分的情况汇总一般都应由学生处全面负责。

第二，大学生处分的报批程序。发生学生违纪现象后，该生所在系应积极帮助班主任（年级辅导员）做好调查了解、询问及取证等工作，后由该班班主任召集班委会研究讨论，提出处理意见，报系行政，系行政则应根据学校有关学生违纪处分规定，讨论提出具体处分意见，并按违纪的行为特点报学校有关部门复议。

警告、严重警告处分由系里提出处理意见，学校主管部门讨论决定；记过以上的处分，则先由系里提出处理意见，学校主管部门复核，提交校行政会议讨论决定；勒令退学、开除学籍的处分，应报省、自治区、直辖市主管高教部门备案。其中因政治问题而做出勒令退学、开除学籍处分的，须报经省、自治区、直辖市党委有关部门同意，由省、自治区、直辖市高教主管部门审批。学生的处分决定均应归入本人档案，不得撤销。

另外在学生处分的实施过程中要注意，在处分决定下达之前，应将处分决定书面或口头通知被处分的学生，被处分的学生应在处分决定意见书上签名，并注明"同意""保留意见""要求申诉"等字样。被处分的学生如不服，可以在接到通知后，向有关部门提出书面申诉。有关部门在接到申诉后，应进行复查，给予答复，如处分不当，应予以纠正。申诉，是学生的一项民主权利，有关部门应当正确对待，不能认为申诉是无理取闹，更不能由于学生申诉而加重处分。

3. 高校学生管理中教育及管理手段。

（1）奖惩工作与思想政治教育相结合。在社会主义改革开放和现代化建设的过程中，奖励和惩罚的手段作为思想政治教育的一个基本方法，具有重要的社会意义，这是因为社会主义现代化建设需要人们有严明的纪律以及稳定的社会秩序来做保证。公开、及时地运用奖励和惩罚的方法，使人们直接认识到怎样的行为是好的或者不好的，认识到自己行为的直接后果，从而使他人从当事者的行为中吸取经验教训，这是在对人进行思想政治教育过程中，运用奖励和惩罚手段的主要目的。

为了使思想政治教育更加有效，必须与行政管理相结合，行政管理主要是用行政的规定、制度、条例、守则、章程等规章制度和行政手段来约束人们的行为，从而养成良好的行为习惯。思想政治工作要求对人们进行耐心教育，但耐心教育并不是万能的，对于违法乱纪的行为，必须给予必要的纪律制约乃至法律制裁。

奖惩作为一种手段，其目的在于使学生增强法纪观念，明确是非界线。因此，当思想政治工作与奖惩工作紧密结合起来的时候，就会增强教育效果。正确的奖励，客观上就树立了典型。这不仅使被奖者受到了鼓励，还能在周围环境中产生较大的社会效果，以激励他人上进。正确的惩罚也是如此，它不仅能使少数犯错误的学生吸取教训，认清错误，而且可以使他人引以为戒。简言之，思想政治工作是做好奖惩工作的保证，而奖惩则是做好学生思想政治工作的有力手段之一。

（2）坚持奖惩结合的原则。奖惩结合，以奖为主，符合唯物辩证法的原则，反映了人的思想活动特点和发展规律。任何一个学生身上总是包含着积极因素和消极因素两个方面。积极与消极，先进与后进，是此长彼消的，开展奖惩工作的目的正是为了鼓励先进、鞭策后进。

奖励主要是利用人们的上进心来发挥作用，而惩罚则主要是利用人们对自尊心的维护本能及个人经济利益的需要心理来发挥作用。从心理学的角度来讲，奖励易被接受，而惩罚则易损伤自尊心。大学生正处于成长阶段，他们思想活跃，上进心强，惩罚如若不当则会引起思想上的对立，产生消极抵抗情绪，影响学生积极性的发挥。奖惩结合，以奖为主，在以奖励表扬为主的前提下，及时地、恰如其分地运用惩罚手段，从而鞭策和教育犯错误的同学，使其正视自己的错误，增强其改正错误的信心和勇气。奖惩结合，以奖为主的管理，是一种积极而有效的管理办法。

人类所从事的生产活动和进行的各项社会实践活动，最终都直接或间接满足人们的物质需要与精神需要。一定的物质奖励是必要的，但是单纯的物质奖励则是不可取的，人们的需求不仅包括物质需求，同时也包括精神需求。大学生正处在长身体、长知识、长能力时期，大部分学生富于探索精神，有理想、有抱负、有追求，渴望成才，因此，对学生而言，尊重的需求和自我实现的需求显得更为强烈，即精神上的鼓励更能调动其积极性。

4. 高校学生管理中奖惩制度的实施。高校学生奖惩制度实施程序设计既是依法治校的重要体现，是保护学生合法权益的重要途径，又是高校开展学生教育的载体，对学生起着"无为而治"的作用。明确高校学生奖惩制度的实施程序，引入现代先进的司法程序（如听证制、申诉程序、奖惩委员会的设立等）于学校学生管理中，设立学生奖惩管理中的正当程序，其目的是提高学生在学校管理工作中的参与性，增强学生管理的公开、公正，切实维护学生的正当权益。在具体实施奖惩的过程中，以下四个方面需要在实践环节中加以重视和强化。

（1）奖惩制度制定前应实行听证制度。听证的主要内容包括：制定本奖惩制度的必要性、可行性，依据是否充分，奖惩的定性表述是否准确，定量表述是否适度等。参加听证的人员一般应包括管理者和被管理者，即教职工与学生两个群体，尤其是要充分听取和尊重被管理者——学生的意见和建议。

（2）奖惩制度运行过程中的公示问题。随着学生法律意识、维权意识的逐步增强，公示作为体现知情权的重要方式日益受到学生的重视和关注。除了奖惩初步结果公示之外，学校对于奖惩制度的起草、会审、通过、更改以及奖惩评比和审批过程的各个环节，均应通过一定方式面向学生本人以及学生群体予以公布。公示各个环节的工作，实际上是对被管理者展示奖惩的实施程序合法、合规的过程。特别是学生申诉制度建立后，程序是否合法最容易引起纠纷、争端，做好这项工作，有利于增强管理效能，维护学校稳定。

（3）建立完善学生申诉制度。按照新的高校学生管理规定，学生对学校给予自己的处罚有权申诉，学校应成立专门的机构负责接收学生申诉，再次进行调查核实，做出处理答复。在具体实践中，学生事务申诉工作机构的组成应与作为纪律处分的管理部门区别开来。简言之，要真正体现申诉处理的合法性。由于目前学生申诉的受理未发展到非高校内部组织来受理的层面，在这一特殊背景下，原则上由学生工作部门、教务部门对学生违纪违规行为提出处理意见，学生申诉的受理部门是学校成立的由主管书记负责的学生申诉委员会，它由学生代表和纪检、监察、组织、人事、保卫等部门工作人员组成，作为学生申诉的仲裁机构，与此同时也可在监察处设立校学生申诉办公室。

（4）奖惩执行后的监控问题。在高校这个特殊的社会组织中，奖惩的目的主要在于激励学生成才，约束学生自觉把自己的行为控制在社会、学校以及大学生群体允许的范围之内，即奖惩的目的主要在于教育学生勤学成才。因此，奖惩结果的公布不仅是实施奖惩的第一步，也是实现奖惩目的的第一步。在这个意义上，加强奖惩实施后的监控就显得尤其重要。对于奖励的事项，主要关注其是否起到影响，是否促进学生向健康、积极、向上的方向发展。对于惩处的事项，主要关注其是否对学生起到了教育的目的，学生在这一方面的言行是否有所改善，是否开始向好的方面发展；同时，还要关注惩处个案是否对群体的行为产生了积极影响。另外，加强监控的过程，同时也是修改和完善奖惩制度，收集、汇总信息的过程。

学校内外客观存在的一些因素也影响着高校学生奖惩制度的创新和实践。如学校内部管理体制和机制的缺陷可能影响学生奖惩制度的正常运行；学生诚信意识的淡薄可能使得奖惩制度失去应有的激励与约束效力；学校外部周边环境管理不善和混乱与学校内部严格管理形成的反差，可能导致学生对学校管理规定的逆反和不信任等。这些有的需要学校自身的逐步完善，有的需要政府、学校、社会的共同协调和努力，为学生管理制度的创新与完善创造更好的内外环境。

（二）新时期高校学生管理法治化路径

法治观念的树立与塑造法治文化环境分不开，两者相辅相成、互为支撑。一方面，法治观念的树立能够为高校学生的生活创造一个健康、良好的法治校园环境。法律观念树立之后，学生认可法律、尊重法律、崇敬法律，他们不仅能够学习到很多法律知识，而且还能够运用法律来保护自己的权益不受侵害。另外，学校的领导、学校学生管理工作人员拥有良好的法律信仰，依法管理、依法行政。在这样人人懂法、人人用法的校园环境里，能够塑造良好、健康的高校法治文化环境。另一方面，法治观念的树立离不开良好、健康的法治文化环境，在良好的法治环境中，学生可以慢慢地学习法律知识、培养法律兴趣，当自身受到侵害时用法律的途径来维护自己的权益，养成守法、用法的良好习惯，树立正确的法治观念。

1. 树立正确的法治观念。要培养高校学生的社会主义法治观念，首先必须理解社会主义法治观念。社会主义的法治观念是指社会主义国家的公民对社会主义法治的正确认识，是社会主义国家公民形成的一种自觉遵守法律的意识和观念。社会主义法治理念包含了"依法治国、服务全局、公平正义、党的领导、执法为民"五个方面的重要内容。依法治国是社会主义法治理念的核心内容，是党和国家领导人治理国家的基本方略。社会主义法治理念下的学校也应该实行"依法治校"，否则会偏离社会主义法治理念的办学思想。高校实行"依法治校"也是我国实行依法治国的重要内容和必要途径。高校学生是社会主义法治国家的建设者和接班人，其法治观念的强弱、法律素养的高低，直接影响了"依法治国、依法治校"策略的实施。因此，培养高校学生的法治观念具有重要的意义。

法治观念从其对法治的影响来看，可以分为积极的法治观念和消极的法治观念。积极的法治观念是指经过历史的洗礼而沉淀下来的中华民族的智慧和经验，它是经过中华民族世代沉淀和传承下来的精华，是中华民族法律文化的重要组成部分，也是法治观念的源泉和基础，是需要传承和弘扬的；消极的法治观念是指如等级观念、权利观念、人治观念等与现代法律观念冲突、违背的思想，这些观念顽固地阻止着现代法治化的进程，是需要剔除和清理的，因此法治观念的塑造和培养必须要突破中华民族传统法律观念的藩篱，超越传统的法律观念。也就是说，人们需要在传统法律观念的基础上，既要继承和发扬传统观念中的优良成分，也要消除消极观念中的负面影响，这一过程一定是任重而道远的。因此，要想实现高校学生管理法治化，首先必须要转变思想、树立正确的法治观念。具体可以从以下三个层面开展：

（1）高校学生管理工作的法治理念。知法、懂法、守法是实现高校学生管理工作法治化的前提和基础。辩证唯物主义认为，物质不以人的意识为转移，是人意识所反映的客观存在，物质能够决定意识，意识对物质具有能动的反作用。树立高校学生管理工作者的法治观念是其依法办事的重要前提，管理者要真正从思想上认可法律、崇敬法律、确立依法行事的行为准则，并将这种思想贯彻到学生工作的各个方面，尊重和维护学生的权利，这是实现高校学生管理工作法治化的思想基础。

　　若高校管理缺少了法治化，那么高校的管理工作就极有可能偏离社会主义办学的方向，影响高校管理工作的正常运行，甚至有可能阻碍高等教育体制的改革。因此，树立以人为本的思想、确立法治化的管理方式是我国高校发展的内在要求。具体说来，可以从两个方面进行努力：

　　第一，重新认识"法治"的概念，要想实现高校学生管理工作的法治化，首先必须要正确理解"法治"的内涵。"法治"包括两层含义：良法之治和法律至上。"法治"作为一种制度性文化，包含着"公正""公平""分享"等原则，学校管理法治化的本质就是要求学校管理者在管理中体现"法治"的精神，并把法律作为最高权威，依法办事、依法决策，把高校的管理工作逐渐纳入法治化轨道。"法治"并不是一个静态的概念，其中的"治"并不是管制、辖制的意思，而是指管理，并不是要求并强迫学生执行高校的管理规定，而是需要调动学生的自愿性、自觉性去遵守学校的规章制度，从而实现高校学生管理工作的法治化。

　　第二，在学生管理理念上，高校管理者要始终坚持以人为本，坚持法治化，始终保持正确的理念。人是高校学生管理的核心，要以人的需求为根本，时刻将人作为主体，充分发挥人的主观能动性，让人得到全面发展不仅是高校管理者的目标，也是学校教育的目标。"学校人"和"社会人"都是高校学生的身份。受教育者的权利和公民的基本权利都是他们可以拥有的，因此，在工作理念上，高校管理者应始终坚持以人为本，坚持法治化。简言之，除了要对高校学生进行依法管理，还要让学生的发展充满个性，这才能让民主和法治始终贯穿在高校学生的管理工作之中，才能让学校环境更加和谐美好。

　　（2）培养高校学生法治观念。具体而言，提高学生的法治修养，培养法律思维方式的途径如下：

　　第一，加强学生法学理论和知识的学习。相关调查表明，多数高校法律教育的主要途径是通过公共课"思想道德修养与法律基础"来进行的。随着社会、经济的不断发展，高校学生与学生之间、学生与教师之间的关系不断发生改变，问题也层出不穷，仅仅依靠单一的法律基础公共课不能够满足学生对法律知识的需求，开设以案例为导向的"行政法""民法""劳动合同法""经济法"等多种法律选修课非常有必要，可以使学生在案例中加强对法学理论知识的认识。

第二，在校园内开展多种形式的法治实践宣传活动。在高校校园内可以定期、分阶段地开展法治知识讲座、法治知识竞赛，请高校法治方面的专家做法治知识专题讲座。除此之外，高校应设立法律咨询中心，为学生在实际生活中遇到的法律问题提供帮助和解答。

第三，开展实践性教学活动。例如，开展模拟法庭实践教学活动，由学生扮演法官、检察官、当事人、律师等角色，通过这种形式的教学可以充分调动学生学习的热情和积极性，还可以将模拟法庭实践教学活动在校内公开表演，塑造健康的校园法律环境，为高校学生管理法治化奠定法律文化基础。

（3）确立高校法治化观念的路径。在社会主义旗帜下，各高校要始终坚持依法治校，这是在依法治国理念下对其提出的要求。要加快教育法治化进程，让高等教育实现更快的改革。在高等教育改革中，高校在办学理念上确立法治化之后可以依靠法律处理遇到的各种情况，促进学校各行政部门在职能上的更改和变化，让学生权益得到最大的保障。高校法治化的主要途径：其一，让学生和相关工作者认同和依赖法律，从而信仰法律，放弃部分高校管理工作的传统理念；其二，高校要带动师生学习法律，这要求学校的领导要起到带领作用，以身作则、依法治校，高校可定期举办与法制相关的演讲或讲座，鼓励学生积极参与学习法律；其三，高校要从法律层面加强学生管理者的理念和意识，让他们具备公平公正的精神、平等法治的观念，严于律己，对学生有足够的尊重，保证学生可以全面、健康的发展；其四，学校可以成立相关的法律咨询处，为学生和教师在法律方面存在的问题进行答疑解惑，同时开展法律教育。

2. 塑造良好的法治环境。环境塑造人，同样也影响人。人生活在不同的环境中，性格也必然不同，即使同样的环境，在不同人的身上也会有着不同的性格。若一个人在一个积极向上的群体里，则会受到群体氛围的影响奋发积极起来，并且逐渐被正能量充满。若一个人在一个散漫的群体里生活，没有坚强的意志，那么极有可能被群体所同化。若高校的学生生活在一种法治混乱、不依法办事、藐视法律的法律环境中，那么他们很容易受到这种环境的影响。法律意识的养成不仅要靠对法律知识的学习、运用，而且还要为学习者塑造法治文化环境，因为法律意识的养成是在一定的外部环境下形成的。因此，高校学生管理工作法治化的实现也同样需要塑造法治文化环境，学校需要努力创设一切条件服务学生，保障学生的合法权益，这是高校实现法治化的基础。

一般而言，环境分为物理环境和精神环境两大类。物理环境主要是指那些可以真实观察到的、客观的环境。例如，教室环境的设置、学生座位的安排、墙体的颜色等，都属于物理环境。精神环境主要是指那些经过时间的洗礼、被人们保存和继承的优秀的精神文化产品，如"雷锋精神"、尊老爱幼、尊敬师长等精神。同样，高校学生管理环境也分为物理环境和精神环境两大类。随着国家经济的快速发展，社会环境、校园环境发生变化，高校学生管理法治化工作变得更加困难，因此从物理环境这方面而言，高校的管理者需要制定科学合理的规划、周密的部署，加强对校园环境的有效治理，为保障学生的合法权益提供良好的校园法治环境。精神环境方面，应进一步加强学校校园法治文化建设，尊重学生的主体地位，保障他们的权益不受侵害，努力营造与社会需要的人才相适应的学校学习软环境。

（1）塑造高校内部的法治环境。学生的成长和发展离不开校园内部法治环境的塑造，学校内部法治环境的塑造作为校园文化建设的一部分，是实现高校学生管理工作法治化的前提和基础。具体措施如下：其一，在对高校学生管理的工作人员进行培训时，需要增加教育方面的法律法规知识内容，在培训中应该结合具体的案例，使理论与实践相结合，强化他们依法管理学生事务的能力。其二，做好高校法律法规的宣传工作是创设高校法治环境的重要措施。因此，有必要加强对相关教育法律法规的宣传，把相关法律法规的宣传、学习工作贯穿到日常的学校工作之中。另外，要经常在高校党政领导中进行相关教育法律法规的宣传和教育工作，让他们认识并且学习教育法律法规的重要性，使他们更好地为学校学生管理的法治化工作而服务。其三，充分利用学校校报、校园广播、学校贴吧和论坛、校园网络平台、校园宣传栏等多种媒体和传播手段，在校园里面形成法律学习环境，以提高学生的法律意识和法治观念。其四，邀请一些专职的司法工作人员指导、构建大学生法律援助组织，同时与司法专业机构保持联系，营造良好的法治学习环境。

（2）构建良好的学生管理外部环境。高校学生的法治管理不仅是指在校园内对学生进行依法管理，而且也包括与学生有关的校园周边环境和社会环境。若学校学生管理工作者只重视校内对学生进行依法管理，而忽视校外影响，就不能够起到良好的效果。因此校园外部环境的依法管理也较为重要，主要从以下三个方面提出建议：

第一，优化学校周边的公寓环境。学校不是一个孤立的团体，它与社会保持着紧密的联系，因此学校的安全和稳定离不开学校周边公寓的建设。随着校园的开放和学生生活水平的提高，学校的生活住宿条件有时不能满足学生的需求。因此，学校和公寓共同抓好公寓的管理工作，不仅有利于学校学生的管理工作，而且还能够减少公寓违法行为的发生。

第二，建立一个安全的校园周边环境。公安部和教育部应当重视校园周边环境的安全，公安部不仅应当经常派相关人员到学校进行安全知识讲座，还应当在学校周边偏僻的地方设置专门的岗亭来保护学生的安全。另外，高校应该和当地派出所签订安全责任书，聘请相关人员担任安全巡视，并建立一套高校安全应急措施。

第三，制定高校安全保障措施。随着社会、经济的发展，学校的内部环境和周边环境发生了变化，高等学校面对着日益复杂的学生群体和多变的环境，应该在不与法律冲突的情况下，根据自身的特点，依法制定相应的高校安全规章制度和安全措施。

第 六 章

新时期高校学生就业管理与创新创业发展路径探索

一、新时期高校学生就业管理概述

(一) 新时期高校学生的就业管理

高校学生工作从广义上分析是指高校贯彻党的方针，为广大学生健康成长、全面成才服务的所有的直接和间接的工作和活动总和。高校学生工作从狭义上分析是指与教学科研工作、总务后勤工作并列，为满足广大学生在科学文化、知识学习之外的政治素养、道德品质、身心健康、素质能力、创新创业等方面的需要而开展教育、管理、服务工作或开展相关活动的总和。进入 21 世纪，中国高等教育发展迅猛，微媒体技术的迅速普及，使得当前中国高校学生工作与以往相比产生了显著变化，学生工作面临着全新的发展空间，正逐步进入转型时期，从而呈现出以下特征：

1. 高校学生规模不断扩张，高等教育大众化给教育体系带来深刻变革，将这种变革概述为五个方面：一是高等教育的目标不再是培养精英人才，而是着重培养应用型、职业型专门人才；二是高等学校逐渐从封闭走向开放，日益成为满足国民多样化需求的社会化机构；三是各种非学术的标准将纳入测评体系；四是随着现代教育技术和手段的运用，教学方式呈现出多元化的特点；五是学校内部事务管理逐渐专业化和民主化，教职员工与学生将有更多的民主参与管理的权利。

2. 大众化教育阶段，高等教育拓展社会功能，会使高等教育人才培养目标发生转变，高等教育体现出鲜明的国家意志和民族意志，高等教育要始终高扬培养社会主义事业合格建设者和接班人的主旋律，培育有思想、有文化、有道德、有纪律的全面发展的社会主义新人。

3. 大学生就业的市场化将高校学生工作带入"高压""高难"时期。毕业生资源逐步由政府行政调配转向市场配置，就业指导体系和信息咨询体系不健全是影响高校毕业生资源高效配置的主要因素。高校学生工作要积极推进素质教育，培养学生对环境的主动适应能力、对文化的整合能力及为理想而奋斗的实践能力；要加强创业教育，积极探索创立毕业生创业风险投资基金的有效途径，引导和扶持毕业生从被动就业转向主动创业。

4. 大众化高等教育的阶段，大学生思想政治教育工作模式更加灵活多样。一是将道德教育融合在各科教育之中，注重发挥人文科学和自然科学各门课程的整合作用，在专业教学中渗透道德内容，弘扬核心的政治观和价值观；二是注重培养学生积极参与社会活动的意识，提高学生的认知能力；三是注重解决学生面临的现实问题，为学生提供专业化的心理咨询与发展指导服务；四是优化配置全社会的思想政治工作资源，特别注重发挥大众传播和社会公共环境的作用，使青年在自然的生活情境中接受道德精神的熏陶和渗透，提高思想工作的社会协同效应。

5. 高校学生事务管理的民主化呼声和专业化要求增加。高校内部事务管理的民主化和专业化是高等教育大众化的显著特征。目前中国高校学生事务管理大多仍然处于传统的由学生事务人员对学生进行全方位、专门化管理的"学生人事工作"阶段，学生事务管理部门为学生提供服务的能力还远远无法满足学生的需求。高校要迎接高等教育大众化的挑战，就必须积极主动地改革学生事务管理机制，加快建立以学生咨询发展服务机构为中心的学生事务管理新体系；建立专职化、专业化的学生事务管理工作队伍；集中优势力量开展科学研究，强化学生事务管理工作的科研基础；探索高校学生事务管理社会化的新途径，促使管理服务、思想教育与素质发展有机结合；不断拓展学生事务管理体系和服务功能，促进学生自我完善和自我发展。

（二）新时期高校学生的事务管理

学生事务管理主要是指对学生进行非学术性的、上课以外的活动的指导、管理和组织。在中国，与学生事务管理相对应的术语是学生管理，或称学生工作。"学生事务"这一概念自 20 世纪 90 年代后期才正式被国内学术界认识和接受。中国的"学生事务管理"随着时代的变迁，先后经历了学生思想政治工作、学生教育和学生管理、学生思想政治教育和德育、学生工作和学生事务管理四个阶段。在这个过程中，"学生事务"的内涵不断融入本土化色彩，由最初的教育管理发展到教育管理和服务，再定位于教育管理、服务和辅导，体现出中国高校学生事务管理从内容、管理方式到队伍建设等一系列方面的不断变化。

在中国，高校学生事务管理的任务众说纷纭，随着高等教育的改革，中国高校学生事务管理工作出现了不少新的内容，如社会实践、科技创新、辅导员家访、特殊生管理、"微模式"教育等新内容。具体而言，目前中国高校学生工作包括五方面的主要内容：

1. 学生思想政治和品德教育。思想政治教育是中国高校学生工作的雏形，直到现在也是高校学生管理工作中最主要的内容。随着经济的发展、政治的进步，德育逐渐受到重视，也成为学生管理工作的主要内容。

2. 学生行为规范和奖惩。高校学生行为规范和奖惩是中国高校学生管理工作的基本内容，是校园活动有序开展的保障。其工作开展的主要方式是颁布与实施高校行政法规。在学生事务管理中有一项重要内容就是让学生学习《学生管理手册》的内容，了解奖惩制度和基本的行为规范。

3. 学生心理咨询。在学生事务管理中，心理咨询一直是难点更是重点。学生通过心理活动支配行为活动，良好的心理活动会促进学习，而长期不良的心理活动则会造成学生心理疾病。

4. 学生就业指导。随着市场经济的改革和高等教育体制的改革，中国开始实行"双向选择"和"自主择业"的就业制度。但由于市场经济体制的不完善和扩招造成高校毕业生数量相对增多，高校毕业生面临着空前的就业压力，就业形势相当严峻，为了有效地促进高校毕业生就业，实现自身价值，高校管理人员对学生进行就业指导显得非常必要。针对毕业生就业问题，学校应联系社会多方资源，在学校组织各类招聘会，保证学生就业。同时，也应鼓励大学生自主创业。毕业生就业后，高校还会组织就业部门请辅导员配合统计本学院各专业学生的就业率，为下一年招生、修改专业方案提供数据。

5. 学生社团管理。学生社团因其在培养学生的兴趣爱好、发挥学生的特长、调节校园气氛等方面有重要的作用，在高校内具有重要的地位。学生社团通过组织丰富多彩的校园文化活动和科技创新活动已经成为发掘学生内在潜能、激发学生正能量，以及连接学生、家长、教师的主要桥梁和阵地。学生组织形式多样，有学生会、社团联合会、宿舍管理委员会、大学生自我管理委员会等组织，还有学术类、体育类、实践类、文艺类的特色社团组织，也在大学的发展过程中起到了重要的作用。

二、创新创业理论及其科学本质解读

（一）创新创业理论分析

1. 创新管理与创业管理的认知。

（1）创新管理的认知。创新管理是一个系统的组合，创业的成功并不仅取决于某一因素，只有通过系统地管理风险与回报，才能将机会、环境、资源与创新团队合理搭配，最终实现企业的潜在价值。在创新管理中，一般企业的传统管理思想和管理方式不能适应创业过程中的各个阶段。因此，对创新过程中的各种管理方式需要进行变革和创新，进而建立一套符合我国国情的创新管理机制。

创新管理是不同于一般管理的一种新的管理方式；创新管理不仅是创新主体所具有的，也是一般人应该具备的一种思维方式；创新管理是一种以把握机会为主导的、创建新事业以及管理新事业的行为过程；创新管理与一般管理有内在的关联。因此，创新管理是一种促使人们像企业家那样思考和行动的管理方式，是一个把握机会并创造新价值的行为过程。创新管理并不局限于某一单独类型的企业，它适用于一切组织，包括营利组织和非营利组织，旧的、新的企业与大的、小的企业。创业管理在不同时期有不同的含义，这种变化从一定程度上反映了管理思想，尤其是企业战略管理思想的演变过程。

在企业处于创新阶段时，创新管理是其采取的主要方式。创业的起点是"创新"，为了实现企业的可持续稳定发展，管理工具的应用是必要的，这也是创新型企业采取管理手段的最终目的。因为一所企业的成功经营依赖于稳定的管理手段。

认识创新管理应该立足于"管理"的概念。"创新"是"管理"的对象。对管理职能的认识源自法约尔的"计划、组织、指挥、协调、控制"五大职能的观点。按照管理的相应职能，创新管理包括创新计划、创新组织、创新领导和创新控制。把创业管理定位于企业设立前后的管理，也就是企业开业之前的各项准备工作和起步之后早期所涉及的管理，包括识别与利用机会、组织资源、制订计划、创建新组织等。从创新定义出发理解"创新管理"，它是指将"创新"作为管理的中心，借助创新平台创造具有协调性的"创新机制"，并最终将个人价值发挥出来并为社会创造福利的过程。"创新管理"作为现代新型的组织建制及组织生态，它所体现的是一种文化氛围，具备"不确定性"的特征。

应从以下方面理解创新管理概念：首先，创新管理的"创新"是该管理模式下的中心，而不是对创新实施管理；其次，组建协调创新的平台和机制；再次，创新管理旨在形成一种创新支持体系，以此与创新发生协同效应。该协同不仅表现在组成支持系统的各元素的相互协调，而且表现在各个要素也会随之自主变化调整，时刻保持对创新的支持。创新的目标不仅是个人价值的发挥，还有为社会创造福利。这样不仅能促进社会经济发展，还会促进社会上公平与公正氛围的形成；最后，创新的完成必须有"协同"的参与，这是企业新型组织的要求。在人类社会不断发展与进步的过程中，"创新"也是时代选择的必然结果，是繁荣进步的必要前提。人类历史的发展历程也是一步一步的创新与发现的过程。

第一，全面创新管理的提出。随着企业创新管理研究的深入，人们必须从更广阔的视角来认识企业创新问题。创新管理的内在特性表现为跨学科性和多功能性，由于技术、市场和组织变革之间存在着互动关系，要实现创新过程的有效管理，必须应用整合方式来展开创新活动。企业创新管理的重点是企业创新系统内部信息和知识的有效联结，其关键要素有企业家精神、研究和发展体系、科学教育与技术培训、创新资金和企业体制。

最初企业对"创新管理"只注意到"技术"的创新与管理，即技术创新的基础、决策、活动过程、要素以及相关技术创新组织层面的管理。后来，随着企业的发展，企业家和管理者意识到，即使在现有企业或成熟企业里，由于竞争、产业演变，以及市场需求和环境的变化，企业需要不断地寻求新的增长机会，开发新的业务，只有兼具创新与创业精神的企业才具有活力和竞争力，这就需要企业调整战略思想和管理方式。因此，从理论上讲，创业管理不仅仅是新企业的事情，现有的成熟企业也需要创业管理。

第二，全面创新管理的方式。在全面创新管理模式中采用最多、作用效果明显的方法是"集成"。它是指两个及以上的要素结合为一个有机整体的行为及过程。这些要素的集成是按相关集成的手段以及模式的有机结合，并不是简单的要素组合。这种有机结合的最终目的是集成体整体功能的优化及提高和集成体目标的大量出现。

全面创新管理主要包括技术要素（产品和工艺）的创新及其协同机制、非技术要素（战略、组织、市场、文化和制度等）的创新及其协同机制，以及技术与非技术的协同创新机制。技术创新模式下产品创新的重点在于重新配置、整合和优化创新过程的内部机制，例如，并行工程、多功能小组、先进工具和早期参与都可以使创新的产品符合未来发展的趋势。非技术创新模式下的工艺创新是指研究和采用新的或已有改进的生产方法，主要包括对生产设备的更新和对生产过程的重组。创新过程中需要对营销、设计和制造等企业经营职能进行集成，从而综合运用科学的管理手段以达到创新的最佳目标。集成包括技术集成、信息集成和管理集成。

第三，全面创新管理的方法。企业创新需要以一种挑剔的眼光审视企业的各方面和各层面工作，打破平衡，以推动事物的前进和发展，包括重新思考、重新组合、重新定序、重新定位、重新定量、重新指派和重新装备，简称"七重方法"。

其一，重新思考。重新思考关心的是企业工作背后的理论基础与假设，深层次的思考有利于解决企业的最根本问题。如果只关注事情的表面现象，对做法背后的基本假设视而不见，改变的往往是表面问题，这也是企业创新可能遇到的最大障碍。

其二，重新组合。重新组合涉及工作中的相关活动。重新组合是创新核心的重新组合，涉及到：如何在源头实施质量管理，如何消除手工劳动与不具有附加价值的工作，并强化其他行业的最佳作业方式。

其三，重新定序。重新定序关心的是工作运行的时机和顺序，涉及的问题包括：如何预测未来的需求，以提高效率；如何同时处理多项活动，以减少所花的时间；如何把相互牵制与依赖的次数减到最少。

其四，重新定位。重新定位注重的是活动的位置，以及进行这些活动的实体基础结构，即"哪里"等问题：如何以模块化的方法提高弹性；活动是否可以搬到更接近顾客或供应商的地方，以改善工作的整体效率；活动是否可以搬到更接近相关活动的地方，以改善沟通的效率；缩短交通往返的时间和距离是否可以减少循环周期；如何构建虚拟组织，以减少对集中化实物资产的依赖；供应商如何帮助顾客储存货物。

其五，重新定量。重新定量涉及从事特定活动的频率，提出的问题包括：如何更有效地运用重要资源；是否有办法靠减少信息与控制来简化运营并提高效率；是否有办法靠增加信息来提高效率。

其六，重新指派。重新指派涉及执行工作和完成任务的人，即与"谁"相关的新的答案，如现行的活动和决策是否可以移入不同的组织；工作是否可以外包；事情是否可以调整为由顾客来执行活动；目前由顾客执行的活动是否可以改由组织来执行；是否可以由供应商或合作伙伴来执行活动；企业结盟是否有助于形成规模经济；如何靠供应链的合伙关系降低成本。

其七，重新装备。重新装备涉及的问题包括地点、距离和实体基础设施，整体目标是要尽量拉近距离，并尽量加强人员在工作中的联系。经常提出的问题包括：科技是如何让工作转型的；如何运用资产或专长，以建立竞争优势；如何利用操作人员的高级技能、低级技能或多重技能来改善工作。

（2）创业管理与创新管理的差异。创业管理具有假设前提，即环境是动态变化与不确定的，环境的各个组成元素具备复杂性和不一致的特性。创业管理的实现需要将发现与识别各种创业机会作为开始，其主要特点是讲求创新、超前的认知和行动、勇于冒险和承担各类未知风险。创业管理主要聚焦的对象是"新型事业的创建"，并将不同级别的创业指导作为主要研究内容。其选择的工具是经济、管理、心理以及社会学等理论，主要探讨方向是创业内容存在的内在规律和具备科学性特征的系统体系。

创新管理是通过对包括人、物、资本、知识和信息等在内的创新资源实施计划、组织、领导和控制等过程来提高生产效率与组织效率，以取得新的创新成果为目的，运用经济学、心理学和数学等多种学科的研究方法来研究组织运行规律的综合性学科。传统的创新管理方式聚焦于商品，是技术导向型的，研发、设计、工程、大批量制造、市场规模化操作、自动化和专业化都是重要因素。由此可见，两者之间存在一定的差异，具体表现为以下方面：

第一，管理理论以及工具参考的前提存在差异。创新管理的相关理论将创新活动本身以及研发本身作为管理研究的主要对象；与之不同，创业管理的相关理论的主要研究对象则是处于不同层次的新建成的企业或者是新开展的创业类活动。

第二，创新管理注重的是"结果"；而创业管理则更强调管理过程的效率以及效益，即通过对机会的识别与发现快速获得管理上的成功。

第三，两者所采用的管理方式不同。创新管理讲求的是"管理"思维，即从"管理"定义本身出发，强调通过"计划、组织、领导及控制"的方式来研发或者生产出新产品或工艺。相比创新管理，创业管理是以还处于成长阶段的组织体制为前提，更倾向于借助"团队""创新"以及"冒险"来发展新型事业。创新创业管理的外延较大，既包含传统意义上的创新管理工作，也包括传统意义上的创业工作。究其内涵，创新创业管理以创业为最终形式，以创新为手段，以创新与创业职能为工具，以研究创新创业领域的行为、规范、知识体系为主要内容，最终以创新创业主体实现创新创业为目的。

2. 创新创业的理论支持。

（1）协同创新理论。"创新"最早是从经济学的角度被定义的，熊彼特是它的定义者。他认为"创新"不是技术范畴，而是经济范畴，因为"创新"不单是指科学技术上的发明，还是将新产品或新过程商品化的过程。这是指以营利为目的，运用已经存在的科技，组合生产要素与条件用于生产体系，建立新的生产函数，应用到企业中的生产能力。这种生产能力不仅能提高功能或者效率，更能够获得经济利益和社会价值，还能够促进科学技术和生产资料的改革创新，同时对生产、经济、社会、科技都起到推动作用，这就是"协同创新"。

具体而言，协同创新是以知识增值为核心，分享技术、知识、能力等方面的一种创新机制，是政府、企业和高校等主体为了最大程度上取得科技成果而开展的大跨度整合的创新组织模式。协同创新能够发挥各自优势，整合信息、资本、人才、技术资源，打破主体间的隔阂，实现优势互补。在协同创新机制下，每个相对独立的主体奋斗目标相同，通过现代化信息技术搭建平台，相互沟通，实现资源共享。

我国高校顺利开展创新创业教育依赖于协同创新机制提供的最基础的理论指导。协同创新对我国高等学校开展创新创业教育具有现实意义。新时期，科学技术和社会经济间的联系、学科间的联系都日益紧密，"交叉学科"逐渐成为科学技术的创新和发展的新增长点。先进的科研仪器、优秀的科研队伍是比较重大的科学技术创新或是工程创新的必备品，同样的，在当今这个知识信息时代，基于复合学科的"联合创作"也离不开协同创新。开展"协同创新"，能够使我国更全面地把握当今全球范围内科学技术创新的新趋势，从而更有效地、更充分地发挥每个创新要素的"综合效应"，优化配置创新资源。

从整体上来讲，"协同创新"的创新组织模式比较复杂。机制的恰当、制度安排的合理是"协同创新"组织模式构建的关键点。良性互动的创新模式需要多元主体参与协同创新。"协同创新"组织模式的核心要素是高校、企业组织、研究机构，辅助要素是"实践平台"或者非营利性组织，如政府、金融机构、中介组织等。这些"知识创造主体"和"技术创新主体"整合资源，开展彼此纵向合作，形成了一种"系统叠加"的非线性效用。

"协同创新"的发展离不开两方面：一是科学技术的快速发展，这样才能不断提出创新办法和思路；二是一个分工明确、权责明确的实践平台的建立，从而推动科技不断创新以及综合竞争力不断增强。通过创新实践，不断取得新的科研成绩，如"新技术""新知识"以及"新工艺"等。协同创新理论有两方面特性：一是整体性。整体性指的是通过创新资源的优化配置，充分发挥每个创新要素的"综合效应"，不局限于各要素的简单相加，而是通过整合达到各要素之间的紧密结合，做到"1＋1＞2"的效果。"统一的整体性"还体现在协同创新存在的方式、目标以及其功能上。二是动态性。从整体上来讲，"协同创新"是一项比较复杂的创新组织模式，要求多元主体参与协同创新，并且良性互动。在这个模式下，作为"知识创造主体"的高校和科研机构等与作为"技术创新主体"的企业会有一个动态的、不断变化的深入合作、资源整合的过程。这体现了协同创新的动态性。

（2）个性化教育理论。目前社会崇尚尊重个性，也注重发展个性。在当前知识经济时代背景下，顺应时代的发展，"个性化教育"成为一种潮流，是世界教育改革的主要趋势，引发了教育改革在全世界的思潮。大部分国家把"个性化教育"作为国家教育进入现代化的重大标志，它指导着教育领域的改革。个性化教育理论的主要内容是强调教育主体的多元化、个性化，是指每个人都会因为遗传特征、生活环境、教育环境等在生理或心理因素上存在差异。承认受教者存在差异是个性化教育最大的特点，这种差异存在于各个方面，集中体现在心理、生理以及社会背景等方面。个性化教育理论以此为基础，根据个体差异，为受教人制定适合自身发展的方案。该方案符合个体特点，更有针对性，使个体能够适应这种教育模式，达到个体全面发展的目标。

个性化教育理论的前提是承认个体因智力等生理方面因素和成长环境等心理方面因素存在差异，既要做到有教无类，也能做到因材施教。比如我国的高等院校，充分发展每个个体的个性，使其得到全面发展。因此，在进行创业教育实践的过程中也要重视这种差异。个性化教育理论认为，高校只有突破僵化的、传统的教育模式，重视学生个性的差异，结合现实情况，针对学生的个性而有效地设计发展方案（教育的目标、内容、模式等），才能有针对性，才能充分发挥学生的个性，从而实现学生的发展。只有最大限度地发挥学生乃至高校的自身资源优势，才能适应信息经济时代的要求。

（3）人的全面发展理论。人的全面发展依托于智力劳动与体力劳动的结合。"人的全面发展"的理论主要涵盖两方面的内容：一是人自身全面发展的基础是个体的体力、智力得到充分的发展。换言之，人的体力、智力得到充分发展是人的全面发展的必要前提。二是关于人的全面发展理论，一个人只有充分地发挥自身全部的能力和资源，才能成为自由发展的人，达到个体个性和人类特性及社会性协调。现今社会，培养创新型人才仍受到马克思的人的全面发展的理论和思想的重要影响。

我国教育界通过对全面发展理论的研究，普遍认为"人的全面发展"分为两个层次的内容：一是指一个人的德、智、体、美、劳五方面做到均衡发展，从而能够达到脑力劳动和体力劳动完美的结合，即是全面发展；二是指最大限度地发展每个个体各方面的能力和才华。我国传统的教育模式已经不适应当代社会的发展，当代社会需要更多的创新型、复合型人才，需要全面发展的多面人才。传统教育模式的教学方法过于落后，不考虑学生的自我判断力和自我思考能力，忽视学生的思想情感，只是一味地通过"填鸭式教学方法"，机械地、单方面地向学生输送知识。这种教育模式压缩了学生自我发展的空间，不利于学生自我发展能力的提升，无法挖掘学生的自我潜力，更限制其创新能力的提高，各个方面都不利于学生的全面发展，更不适应社会的发展。

与认为每个个体都是不一样、总会存在差异的个性化教育理论相比，"全面发展教育"更注重学生整体素质的发展，在学生掌握扎实的理论基础的前提下，开展各种各样的活动，让学生在活动中实践自己的知识，做到学以致用，努力把自己打造成多功能人才和复合型人才，适应现代社会的发展。这种良好的学习、发展环境的构建能够使学生最大程度上得到全面发展、充分发展。全面发展的教育模式能够符合学生身心发展的自然规律，最大程度培养出"会生存、善学习、勇创新"的复合型人才，以及知识经济时代需要的"全能型人才"。

实际上"个性化教育"和"全面发展教育"这两种教育理论是相互联系、互为补充的关系，有相同之处，又各有各的特点和独特之处。这两种理论是共性与个性的关系，互相渗透或结合。例如，个性化教育理论强调个体个性的发展，这也是全面发展教育理论的一个方面，是全面发展更精细化、更高层次的一种表现；而全面发展教育理论注重整体的全方位发展也是以个体全面发展为基础，二者并不相互排斥。个体想要实现个性发展和全面发展，需要高校将"个性化教育"和"全面教育"两种教育理论相互结合。

创新创业教育既强调个体的全面可持续发展，也强调实现个体的个性化发展。换而言之，创新创业教育要实现共性与个性的均衡发展，在了解个体特性发展规律的基础上，促进学生个体在德、智、体、美、劳各方面的全面发展。这要求高校的创新创业教育，要尊重每个学生的个性，更要促进其实现自身的全面发展，不断提高学生创新和创业能力，使之适应当下知识信息经济时代的要求。

（4）创造力理论。人类有一种能力叫创造力。这不仅是一个可以让人去更新思想和创造新物的能力，也是人心路历程变化的过程，随着这些变化，逐步完善各种创造内容。其中有的是发现新方式以及新的科技或者新物品等，这些发现都是创造力的体现。创造力对比其他方面的能力有一个明显的特点，即独特性以及新颖性。它的主要组成因素有很多，其中它是不定向也不局限地根据已知条件去创造。当然，除了上面所述之外，创造力还存在很多的判断方式，比如对社会发展是否有用、对个人或人类是否有帮助等。个体的创造力其实是一种外部行为，这种外部行为具有发散思维，在学术界有其特定的定义。学术界认为创造力是一种综合而整体的本事，它是由个体智力和相关素质等来决定的，是创造性思想产生的东西。创造力的主要构成如下：

第一，知识。知识是创造力产生的基本，无论是何种创造力，它所依托的都是不断增长的知识，没有知识，创造力便不能实现。知识由三部分组成，其中包括知识的记忆、了解以及对知识的吸收。

第二，智力。创造性思想的重心是智商，通常提到的智力是人类或者动物等普遍的精神才智。它是一种处理问题的能力，这种能力的运用通常需要人们深入的认识以及了解事物的本质，从而根据大脑中预存的知识以及阅历去处理问题。它的主要方面是如何去理解问题，根据问题去判断以及处理相关问题，同时还可以提高一个人的思索能力以及学习表述能力。

第三，品质。品质包含着毅力、恒心以及涵养等内容。品质是个人在一定环境之下通过各种社会活动以及实践进程等来体现创造品质，它也是个体在涵养以及毅力等各个方面的一种素质。创造成功的关键所在即是个体有没有优良的个体品质，只有拥有优良的个体涵养和素质以及毅力拓展等方面的能力，才可以发挥出个体的主观能动性。

创造力主要由三部分构成，包括个人智力智商因素、知识层次以及个人涵养和素质。这三个有机组成直接关系到个体创造力的高低。目前很多高校的课程主要侧重的是根据创造力而逐渐延伸出其他方面，让更多学生对于创业教育有了更加深刻的认识，这也是创业教育改革的一个基础。

（5）三螺旋理论。国内外学者均针对政府、学校、企业三者的联系进行过"建模分析"，20世纪90年代后期，这些学者们曾针对新型创造性这一问题进行过深入研究。三螺旋理论主要是针对政府、高校以及企业三个个体之间的相互沟通和协作问题。通过"三螺旋理论"可以了解到三者之间的联系与沟通是逐渐紧密的，而且三者之间也是相辅相成、一同进步的关系，这种关系对于如今社会的发展有很大的积极作用。

第一，对于企业和政府，高校对它们也有很大的影响，一方面各大高校想要更好地去筹划本学校的教育教学规划，需要从政府的发展、企业管理和经济发展等方面来确定教学方向，只有切合整体发展的教育才能让整个社会不断前进；另一方面学校的科研成就可以通过多元化在各方面同时得利。通过这样的模式可以保证三者共同发展、相互促进。

第二，企业对于高校以及社会也有较大作用。一方面企业想要使利润增长以及最大化，这就需要各大高校的各种科技成果以及研究来让市场更加活跃，比如好的经营管理以及更加优良的营销人员和营销能力等；另一方面优良的企业发展依靠高校以及政府发展等的有力支撑，反过来企业发展也能为高校以及政府带来更多的各方面的资源，从而让高校科研不出现断层情况。这三者之间相互交融、相互推动，为国家的发展起到了非常大的拉动作用。在我国，政府的角色侧重于宏观调控，行政机关通过调节来协助各大高校和企业发展齐头并进。同时如果两者之间有经济和社会层面的困难或者问题，政府机关可以进行解决。当然如果高校和企业之间存在问题或者联系不紧密以及互动存在停滞与倒退等情况，政府也有责任。

根据以上情况来看，政府、企业以及高校三者之间是相辅相成的关系，简而言之，三者之间是珠联璧合的关系。各大高校以提高学生创造力为基础，开创各种创新创业方面的教学；企业则是给学生更多自主创业的辅助设备或者辅助资金等；政府起到了中介作用，维持着企业与各大高校的整体平衡。政府根据社会经济的发展更新各种政策性信息，这也是让企业和各大高校更加和谐的要点。政府、企业和高校发挥着自己的所长，相互沟通与合作，逐渐演变成为新兴螺旋体。

（6）创新理论。"创新"不存在局限性，它是在个体已有知识资源的同时，逐渐发展，从而发现新事物的一个进程。在 20 世纪初的时候，著名的经济学家熊彼特提出了一套创新理论，这套创新理论侧重创新角度的经济学方面。他所指出的创新更趋向于经济理论以及管理理论，属于内在理论。创新是社会经济不断变革的基础，是对新事物以及各个新路程的一种具体化，即将新事物的各个因素以及必要前提等运用在企业的生产管理体制上，根据这些东西去建立全新的生产函数。部分人认为全新的生产函数是指科技发明，但该创新理论更多的则是运用已有的科技技术与企业管理等演化成为新的生产能力，这个生产能力主要以营利为主。它直接更改了原有的生产技术，从而让生产力等方面变得更加优良，继而达到利润最大化，这也是一个企业最终的宗旨——利润最大化。

（7）"创新人"假设理论。"创新人"假设是德鲁克提出来，他认为一个现代管理者成为领导者的关键在于创新，要通过提高成员的创新能力来提高企业整体的创新水平。"创新人"假设的主要内容包括以下两方面：

第一，"创新人"假设类似马斯洛需求层次理论的最高需求层次，认为最高需求层次的自我实现是指自我创新、自我突破。换而言之，人的需求不断从低层次到高层次上升，最终要实现自我创新、自我突破。

第二，对于个人而言，人们需要通过不断创新来适应知识经济时代的到来。新时期的社会在快速发展，要求人们通过自我激励、自我控制这一根本途径，持续地提高自我的创新能力，在事业上做出更好的成绩。对于企业而言，一个企业可持续发展的关键是成员在企业中能够更好地实现自我创新，这也要求企业创造积极、平等、自由、民主的工作环境。对于管理者而言，在个人创新目标与企业目标保持一致的情况下，应当积极采取多种方法激励员工实现自我创新和自我价值，在实现个人目标的同时实现企业目标，达到双赢的局面。对于高校而言，"创新人"假设为创新创业人才的培养提供了强大的动力，因为它强调追求创新和变革是个体的内在需求。

（二）创新创业理论的科学本质解读

1. 创新创业的内在契合机制。

（1）创新与创业的契合条件。创新教育是创业教育的基础，创业教育把培养学生对待陌生事物的应变能力和创新能力作为出发点，致力于培养学生的创新意识和思维结构，将学生培养成有创新思维和思考能力的学生。在培养意识的同时，也要传授给学生们知识技能，教育的意义在于教书育人，向学生传授有实践性的知识技能，提早锻炼学生的就业意识和创业心理。创业教育的成功表现在通过创业来提高学生的就业成功率，转变学生的就业观，帮助社会维持稳定的状态。创新教育的侧重点是对人的总体发展进行把控，其更加侧向于对思维的培养，而创业教育则更加侧重于对人的自我价值的实现。

创新教育和创业教育两者有着相同之处和不同之处，是两个辩证统一的教育理念。两者的目标有着一定的趋同性，目的都是为了培养学生的创新精神和实践技能，总的来说都在为了新时代的发展做出努力，是推动新时代发展和教育历程的关键内容。创新创业教育是一个统一完整的教育体系，为了促进创新教育和创业教育的联合统一，高校需要做出努力。

（2）创新与创业的内在契合路径。想要改善高校教育现阶段的困境，就需要制定合适的路径和目标，然而路径的制定需要确定发展的目标，并寻找适合的路径，这一合适路径的目的是为了提高学生的创新能力和综合素质。高校要想设计出行之有效的创新创业教育路径，需要从三方面着手，包括学校、各级政府、大学生自身，这三方面因素要完美结合形成一种合力。只有这三方面有力结合，互相沟通、协调，形成合作力量才能更好地完成目标。高校的创新创业教育是让每个学生都去创业，同时因材施教，鼓励那些有创新创业精神的大学生敢于尝试、勇于尝试，积极投身于创业中。同时，培养大学生的创新精神对他们以后的人生道路是有益处的。现在的大学生就是社会主义未来的接班人、祖国未来的希望、各个行业的领军人物，培养具有创新创业意识的大学生对我国高校在未来国际上竞争能力的提升也是很有必要的。

由此可见，高校和各级政府一定要制定全方位的战略目标，改变高校培养就业型人才的惯性，转而培养具有创新精神、能自主创业的新型人才。高校管理层必须率先转变思路，高校教师也需要转变固有的教学模式和内容。教育是需要同时代结合的，需要教师树立创新观念，需要政府和社会对创新创业教育进行干预，提供支持，使学生了解到毕业即工作，不是自己的唯一目标，而是要加强自身的创新意识，培养自身创业思想。

2. 高校创新创业的激励与调控机制。

（1）高校创新创业的激励动力机制。

第一，激励动力机制的原则。从高校的创业创新教育发展方面来看，其动力是来自多方面的，既受师生、学校的影响，也会受到政府的一定影响，所以，我们在对激励动力机制进行建构时，必须以一定的原则为基准，在保证管理及决策的各方目标统一、能够互相配合的前提下，努力发挥出高校创业创新教育的真实力量。从其内涵和要素特点来看，在建立高校创业创新激励动力机制时，主要应当遵循以下原则：

首先，维护各方动力的动态平衡原则。所谓的对各方的动力进行动态平衡维护，主要包括两方面：一是保证各方相互适应，要让各方互相配合，共同推动创业创新教育，且程度上也要尽量保持一致；二是其目标和发展方向要保持一致。

其次，防止各方动力的异化发展原则。在高校创业创新教育的推动中，如果方向出现偏差或者力度把控不够稳定，或者说对动力的调控不够准确，就很容易发生异化现象，教育变得应试化、工具化就是动力异化的主要表现。

第二，激励动力机制的策略。要想高校的创业创新教育协同机制能够顺利运行，达到理想效果，作为决策的主体方，应该对管理方式和方向进行科学合理的规划，对自身及其他主体方的工作任务进行明确。在工作流程和工作行为方面，要制定好相应的规范，各方在开展工作时要严格以规章准则的要求为标准，高效率地完成自己的工作。同时，奖励机制的制定也是很重要的，在制定奖励相关机制时，要把协作参与和信息的透明共享行为当作主要的标准，这样才能在各方进行项目决策时进行更好的协调，加强彼此之间的交流、沟通和了解，同时也能培养出合作者之间的默契，保证机制能够按照公平、公开、公正的原则运行。

另外，奖励机制在增强各方的竞争协同意识方面也起着一定的促进作用，这也对高校的创业创新教育机制整体协同工作效率的提高有良好的促进作用。

（2）高校创新创业的调控机制。在高校创新创业培训的运作过程中，由于多个主体的参与，在操作过程中可能会因自身利益、情感、知识的差异而产生行为冲突，从而阻碍创新创业培训的发展，产生一系列的问题和矛盾。要保证创新创业培训正常运行和实施，就必须实施合理的调控政策。高校创新创业控制机制可以理解为内外部因素通过设定目标、公平定位、发挥作用来化解工作过程中的矛盾的一种机制。要认识到目标的及时调整和充分的调查是高校创新创业培训监管机制的核心任务。而对行动状态的合理评估，可以确保及时发现行动中的不一致，确保问题能够及时、迅速得到解决。

第一，调控机制的评估。科学研究、准确评估高校创新创业培训运行中的矛盾，是创新创业培训调控的重要内容，而建立科学公正的事后研究关系是建立监管机制的重要前提。建立调查的评价环节，重点明确调查评价关系的主体、调查评价关系的对象和内容、研究评价关系的方式方法这三种关系。

其一，创新创业协同评价机制。创新创业的协同评价机制是有助于提高创新创业效率的培训机制。一是在实践和科学知识评价方法论框架内建立创新创业评价机制，可以有效评价学校师生，务实地进行教育科研，逐步提高实践质量；二是企业与高校共同推进创新创业评价，把创新教育与平时工作奖励挂钩，考核推广，鼓励企业注重实施创新创业培训。

其二，创新创业教育质量考核评估机制。若要评估创新创业的教育质量，可以观察创新创业教育实施的水平和教育后得到的反馈，创新创业教育的评估能够推动教育价值的提升，同时还可以使学生的创业素质和技能得到提高，使各方主体的协同关系制度得到保证。

第二，调控机制的协调。根据高校创新创业培训研究和评估课题的反馈情况，监管机制可以利用这些信息，协调各方的工作规划来制定措施，促进创新和创业培训业务的优化和升级。监管机构的研究和评估涉及多个部门，跨部门合作的理念将被纳入其中，因此可以从组织和制度两个层面推进高校创新创业培训。科学并且合理的组织架构，可以促进高校创新创业培训监管机制的协调和完善，同时也可以在制度方面做更多的稳固性工作。高校创新创业培训跨部门合作想要持续、规范，不仅需要规章制度的刚性保障，更需要文化交流的柔性保障。

三、新时期高校学生创新创业发展路径探索

创新创业发展路径指的是以强化高校学生创新创业素质培养和

创新能力培养为目标，在特定环境和特定形势下，适时调整制定出的行动方式和行为手段。经过相当长一段时间的探索、发展、挫折和进步之后，我国高等院校发展创新创业教育已经取得了一定的成果，并总结出了一整套科学的、适宜高校现实的创新创业模式。但是，仍需要清醒地认识到，我国高校创新创业整体发展尚处于成果不丰富的阶段，需要对创新创业发展路径的细节进行学术性、专业性、针对性的指导。

每个学生个体在兴趣、接受和理解能力、理论与实践基础等方面都存在明显的差异，因此，高等院校创新创业教育的最终目的并不在于将所有的学生都培养成具有一定创业成绩的人才，而在于通过覆盖学校教育、政府政策、大学生活动三个方面，并通过三个方面的相互融合、相互配合、相互促进、共同发展，发挥整体性作用，达到培养学生的创新创业人格、创业意识、创业精神和创新创业能力，提升学生灵活就业、自主择业或创业过程中的核心竞争力的目的。高等院校创新创业路径探索是一个覆盖面广、内部联系复杂的长期过程，要想全面推进高校创新创业教育，实现其长远发展，就必须充分协调好学校教育、政府政策和大学生活动三个方面的关系，就必须从宏观出发，构建一个覆盖理论与实践、校内与校外、学校与学生、教育与社会等多领域、全方位的理论体系，通过提升部分学生的创新创业能力与创新思维，带动高校创新创业水平的提升。

（一）转变高校学生创新创业教育的理念

1. 坚持全面发展教育理念。社会对人才的需求长期处于精英人才高需求模式中，但现阶段我国高等学校教育欠缺应用型创新创业型人才的培养计划与目标，重理论知识的教学，轻大学生创新素质的培养和实践能力的提升，所导致的直接结果就是大部分高校毕业生"高不成、低不就"，缺乏创新创业精神和吃苦耐劳的上进心，只能从事生产服务一线的工作，精英人才供给出现缺口，人才需求呈现金字塔结构。因此，必须将全面发展的教育理念贯穿在高校创新创业教育的过程中，用以指导人才培养目标、人才培养规格、人才培养方案的制定及教育活动的开展、教育结果的考核等。

基层岗位锻炼是大学毕业生迅速积累实践经验，实现学生向职业人身份快速转变的必经之路，只有经历长时间基层岗位锻炼后，大学所学才能与现实生活有效融合。对于创业而言更是如此，社会工作流程、创业项目设计、创业资源组织、创业计划实施等这些实践过程都需要从基层岗位中完成，而想要成为现代创业能者，就必须在基层实践过程中塑造自身的创新精神、创业意识以及提高创新创业能力。

综上所述，对大学生在创新创业活动中的自信心、人生观、意志力等方面的培养至关重要。而要想实现以上素质培养目标，就必须坚定全面发展的理念不动摇，具体说来，主要包括三方面的内容：

首先，坚持素质教育不动摇。以理论联系实际，落实课堂教学的现实性，带动学生德智体美劳全面发展。

其次，坚持以人为本不动摇。在创新创业过程中，尊重学生的主体地位，充分激发学生的创造力和创新力，鼓励其通过多种形式的实践活动活跃创造思维。

最后，坚持创造素质培养不动摇。培养学生在创新创业过程中的责任感和使命感，让学生明确自身对于社会主义现代化建设的重要作用，提升其在社会生存中的竞争实力。

2. 科学制定人才培养规格。创新创业人才是在创新体制机制、优化政策环境、强化保障措施的环境下培养出的具有创新思维、创业精神的优秀团队、优质人才等的统称。强化高校创新创业人才培养，不仅仅是传统学历教育改善自身的人才培养计划、提升学校品牌竞争力的必然选择，更是国家经济下行压力过大、制造业转型升级、"大众创业，万众创新"新时代对高校提出的新要求。因此，科学制定人才培养规格，摆脱传统学历教育的桎梏，培养复合型、应用型、综合型的人才是大势所趋。

所谓创新创业人才知识结构，主要指的是涵盖经营管理知识、综合性知识、职业和专业知识在内的知识结构。经营管理知识是学生创新创业过程中，对创业成果进行有效管理的知识来源、政策保障和技术支持，职业与专业知识是学生在工作中不断成长进步的力量源泉，对学生个性发展具有同等重要的作用。

在建立创新创业人才知识结构过程中，学校各组成部分都应发挥作用，从学校内部来说，要营造开放共享、优势互补的良好氛围，强化各部门、行政人员与教师、教师与学生之间的内部联系和沟通交流；从学校各部门来说，要积极组织学生开展多样化的创新创业活动，在校园范围内营造和谐、创新、积极的创业氛围；从授课教师的角度来说，要立足社会实际需求和教学实际情况，革新创新创业教育体系与模式，通过创新教学内容，强化理论研究和创新能力教育，为学生创新思维和创业能力的提升提供更优质的教学服务；从学校的其他教师角度来说，可以广纳优质创新型人才，组建创新团队，并充分利用各个渠道的资金，为学生创新创业活动提供充足、稳定的经济支持、技术支持和平台保障。

（二）强化高校学生创新创业校内的教学

1. 重构创新创业的课程体系。传统教学体制长期存在教学的滞后性、片面化和同质化的问题，这与高等院校崇尚分类发展、特色建设的指导理念是背道而驰的，因此在一定程度上制约着中国高等教育由规模扩张到内涵建设的转型进度和效果。传统教学体制的滞后性主要表现在三个方面：一是课程教学理念的滞后。提倡知识本位主义，将概念和知识的讲授作为课程教学理念的方向是传统高校教学体制的主要特征，其最不利的一点就在于忽视了学生的社会需求和能力导向。二是课程教学重点的滞后。公共基础课、专业基础课、专业课构成了传统教学体制结构，其培养的往往是具备一定专业素养的人才，在创新创业人才培养计划上的贡献略显不足。三是课程知识结构的滞后。正是由于传统教学体制在课程教学重点上的滞后性和过于强调专业化，导致了其课程知识结构的片面化，重视整体教育，忽视培养学生的创新创业能力，进而影响学生的个性培养和全面提升。

基于此，想要改善传统教学体制的负面影响，全面推进新时代中国高等教育改革，最为关键的环节就是要重构当前高等学校教学管理课程体系，通过协调专业课程与通识课程、整体培养与个性发展、知识传承与能力养成之间的关系，更好地实现创新创业类基础课程的开发、选修课的开放及课外活动的引导。

在课程设置方面，要将学生的社会需求和能力导向纳入课程设置的标准中，既要重视课程内容的实用价值，又要进行合理范围内的创新，既要重视独立学科的教学，又要进行跨学科教学渗透，使理论联系实际。具体说来，可以从以下三方面着手：

（1）增加基础素养课程。在课程设置上，减少专业课程总量，通过侧重学生创新创业基础素养培养的基础课程教学，培养学生综合素养。

（2）增加综合性课程。重视跨学科教学的重要性，既坚定文科、理科相互促进以开阔学生视野的方向不动摇，又增设综合性课程，以达到让学生在多学科学习过程中形成复合型知识体系的目的。

（3）开设选修课程。前瞻性、经典性、知识性、可操作性、启发性、讨论性的统一是设置选修课程的重要标准，完善的选修学分制度是提高学生选修课程学习质量的重要保障。

只有做到了上述三个方面，才能让学生拥有自主学习的充足时间，才能让学生跨学科思维的养成具备可操作性的教学保障，才能推动创新创业人才培养计划的落地与实现。

2. 改革创新创业的实践教学。创新创业的实践教学，是巩固理论知识、加深理论认识的有效途径，是培养具有创新意识的高素质工程技术人员的重要环节，是理论联系实际、培养学生掌握科学方法和提高动手能力的重要平台。传统教学模式多呈封闭式状态，一定程度上束缚着学生创新思维的培养和创造能力的养成。相比较而言，实践教学更有利于学生素养的提高和正确价值观的形成。因此，对于高校创新创业实践教学来讲，一定要重视将理论与实践相互联系在一起，通过外部力量的作用，改革办学模式，建立实践基地，实现与企业、行业协会、科技园、政府机关等部门的合作共赢。

在推广创新创业过程中，要在尊重实践教学时代性、适应性、先进性和系统性基本特征的前提下，致力于建立健全的、客观的、科学的、与时代变化同步的实践教学体系，要强化实践教学体系与实践过程中各影响元素之间的内在联系和共同作用。

此外，开展创新创业要坚持"两条腿走路"原则——学生理论教育和产、学、研一体化，还要重视示范及实验基地对学生创新创业教育的重要作用。所谓"产"，即社会生产，也就是说高校要将强化高校创新创业与社会生产紧密结合起来，使高校创新创业教育能够推动社会生产；所谓"学"，就是学生学习；所谓"研"，就是学生科研。后面两者是对"产"的辅助与补充，通过"学"与"研"实现"产"，而高校又可以在"产"的方向引导下，提升"学"与"研"的水平。三者相互配合、相互促进、共同进步、共同发展，共同成为社会主义经济社会发展的重要保障因素。不仅如此，还要充分认识到社会资源在服务经济社会发展方面的重要影响力，要积极整合社会资源、提升社会机构的研究利用率，建立良性循环、绿色发展的合作平台，创造经济效益。具体说来，可以从以下两个角度着手：

（1）高校引进企业优质人才。即加强与企业、行业、科研院所等机构之间的联系，通过高校，将企业精英人才引进高校实践教师队伍，担任创业导师，或者建立企业出资、高校投入人力的创新创业平台，进行横向课题研讨，提高学生的创新创业水平。

（2）企业建立高校专家指导团队。通过这种专门针对高校创新创业教育建立的专家指导团队，建立企业与不同高校间的创业关系网络，并从中积极引进高校科研成果，以实现经济效益的转化。

（三）优化高校学生创新创业的外部环境

高校创新创业教育的目的在于为社会发展输送创新型、有创造力和责任感、素养型的全面人才，这是一个需要长期努力的过程，不仅仅需要高校改革教育模式、改进教育方法、完善教育体系，更需要社会力量和政府力量的扶持与帮助。同时，社会的发展也是国家、政府以及企业的努力方向，在为优化高校学生创新创业的外部环境方面，政府的强有力支持绝对不能缺位，必须充分利用国家的政策优势、市场机制的调控作用等，改善不利局面，助力高校创新创业教育更好地发展。同时，高校也需要认识到，发展高校创新创业教育离不开政府的政策扶持和资源支持。因此，高校要在和国家、政府的共同推动下开展高校创新创业教育，培养社会主义新型人才，服务国家经济社会的发展。

1. 王飞、朱永华："后现代主义思潮下高校学生组织管理策略探析"，载《现代教育科学》2018 年第 10 期。

2. 葛新斌：《学校组织与管理》，北京师范大学出版社 2015 年版。

3. 王璐："新媒体环境下高校教学环境建设与管理探讨——评《高校教学建设与管理》"，载《新闻爱好者》2019 年第 1 期。

4. 李正军：《高校学生管理工作概论》，河北大学出版社 2002 年版。

5. 曾瑜主编：《高校学生管理工作法治化研究》，西南交通大学出版社 2016 年版。

6. 陈锦山："高校学生事务管理模式的建构——评《高校学生事务管理模式创新》"，载《新闻与写作》2017 年第 6 期。

7. 郭军："基于创新能力培养的教学管理改革研究"，载《湖北开放职业学院学报》2019 年第 4 期。

8. 孟庆新：《高校学生工作思考与实践》，东北大学出版社 2015 年版。

9. 周华："高校学生心理健康教育的现实困境与对策"，载《继续教育研究》2018 年第 11 期。

10. 野苏民："高校学生管理工作的信息化建设探究"，载《现代营销（经营版）》2019 年第 5 期。

11. 范琳：《高等院校创新创业教育研究》，世界图书出版广东有限公司 2016 年版。

12. 李建宁主编：《大学生就业指导教程》，电子工业出版社 2014 年版。

13. 徐新洲："高校学生管理法治化的实现路径"，载《学校党建与思想教育》2019 年第 3 期。

14. 王晓明："数字校园视角下高校财务信息化建设研究"，载《山西青年》2019 年第 3 期。

15. 祝青："高校内部审计信息化管理体系构建研究"，载《会计之友》2015 年第 24 期。

16. 李玉倩："数字校园视角下高校财务管理信息化建设"，载《财会通讯》2015 年第 1 期。

17. 董昕宇、张力、张明："借助信息化技术构建高校财务管理内部控制系统浅析"，载《经济研究导刊》2019 年第 3 期。

18. 赵秀丽、齐兴："大学生参与高校管理的理论与实践"，载《中国成人教育》2014 年第 19 期。

19. 詹翊："公共管理理论视角下的高校管理改革路径"，载《中国成人教育》2018 年第 5 期。

20. 苟灵生："高校学生管理模式的开放性探讨——基于耗散结构理论下的大学生心理环境维度"，载《中国成人教育》2017 年第 20 期。

21. 冯宁、刘倩："双因素理论在高校教育管理中的应用研究"，载《中国成人教育》2015 年第 9 期。

22. 代旭升："激励理论在高校教学管理中的应用研究"，载《中国成人教育》2015 年第 8 期。

23. 徐博、于长志："高校行政管理向服务型转变存在的问题与对策"，载《高等农业教育》2014 年第 6 期。

24. 霍洁云、赵梦川："构建新时期服务型高校行政管理模式研究——以长治学院为例"，载《福建茶叶》2019 年第 11 期。

25. 李静："高校财务管理：创新与发展"，载《陕西财经大学学报》2019 年第 1 期。

26. 李斐："论我国高校教学与科研关系的演变与协调发展"，

载《高校教育管理》2015 年第 9 期。

27. 黄英惠、王丽秋："高校教育科研的组织与管理"，载《黑龙江高教研究》2007 年第 6 期。

28. 余晓燕："试谈大学生心理健康教育在高校思政工作中的应用"，载《人文之友》2020 年第 6 期。

29. 石祥："大学生心理健康管理体系构建初探"，载《江苏高教》2013 年第 1 期。

30. 李祥："参与高校管理：大学生德育实践的载体及实现路径"，载《现代教育科学》2013 年第 5 期。

31. 李文才、于成学："关于高校学生德育与管理工作创新的探讨"，载《中国高教研究》2001 年第 1 期。

32. 陈玉红、刘浩："对高校学生管理信息系统功能的描述与分析"，载《制造业自动化》2011 年第 6 期，

33. 牛金玲、赵军："谈高校学生就业管理服务信息平台建设"，载《中国成人教育》2015 年第 5 期。

34. 张芳芳、贺志波："高校大学生创新创业教育路径探析"，载《思想教育研究》2017 年第 7 期。